著者（村長在職時）

かつての日本第２の湖、八郎潟を干拓して創られた、大潟村の全景

開村当初の風景

現在の集落の全景

集落の中心「センターベルト」に位置する大潟村役場

1968(昭和43)年に設立された大潟中学校・大潟小学校・大潟幼稚園(現・大潟こども園)

大潟村農協会館（右）と農協が運営するスーパーマーケット（左）

「東洋一」の規模を誇る大潟村カントリーエレベーター公社

約11㎞にわたり、3700本の桜が咲き誇る桜・菜の花ロード

桜・菜の花ロードには、近県から多数の花見客が訪れる

展望モール温泉と8階レストランからの眺めが素晴らしい、ホテルサンルーラル大潟

ソーラーカー・ラリー大会は、いまや大潟村の夏の風物詩

建物の意匠にもこだわった大潟村干拓博物館

道の駅おおがた・産直センター潟の店は千客万来

ポルダー潟の湯では、全国でもまれなモール温泉（植物性の泉質）が楽しめる

村長として議会で答弁する著者

ゼロから自治体を創ったらどうなるか?
元村長 宮田正馗が語る大潟村のあゆみ
宮《みや》田《た》正《せい》馗《き》 著

まえがき

全国から希望者を募り、ゼロから自治体を創ったら、どうなるのか？

そんな壮大な「自治の実験」が実行に移された唯一無二の自治体、それが秋田県大潟村です。琵琶湖に次ぐ全国2番目の面積を誇った八郎潟を干拓してできた土地に村が設置されたのは、1964（昭和39）年10月1日のことでした。

最初の入植者がこの村に入植したのは、1967（昭和の42）年11月のこと。私は、その2年後の1969（昭和44）年10月に、第3次入植者としてこの村に入植しました。


大潟村はゼロから創られた村です。全国から集まった589人は、国の試験を合格して入植したという意味でも、配分された農地面積（財産）がすべて同じという意味でも、対等でした。親分なし子分なし、本家なし分家なし、まさに上下関係のない対等・平等な関係から出発しました。

そこから、どのような社会が展開されていくのか。当時、複数の大学の先生方が、大潟村にたくさんの学生たちを連れてきて、この新しくできた社会の行く末を研究したものです。喩えて言うならば、新しい猿山を作って、ボスが決まるまでの状況を研究するようなものです。猿の場合はある程度、解明されているけれども、人間の場合にどうなるかは、誰も研究をしたことがない。私たちは、まさに身をもってその状況を実演したわけです。

詳しくは、後述していきますが、揺れる農政の中で、大潟村村民は、国の減反政策に協力するのか、それとも協力せずにヤミ米に走るのか、という大きな選択を突き付けられました。不満はいろいろとあっても、周囲との関係性を重視し、国との契約を守るために減反に協力した人々は「順守派」と呼ばれました。他方で、「農民が自らの農地でどのような作物を育てようと本来的に自由でなければならない。減反に協力するか否かは任意である」という「農民の権利」論を掲げて、減反に協力せず、ヤミ米に走っていった人々は、「過剰派」と呼ばれました。ちなみに、両者の収入は、過剰派の方が1年間に500万円ほど多いと言われていました。逆に言えば、500万円（当時の村の農家の年間生活費に相当額）の差を目の前にしても、順守派はその道を貫き、過剰派だらけの村になることはありませんでした。村は真っ二つに分断されたまま、両派がことあるごとに激しく対立するという状況が続いたのです。

私は、1978（昭和53）年に、国の重要政策である米の生産調整政策に協力するか、しないかが最大の争点となった大潟村長選挙に立候補しました。私は、「国と入植者の契約書は守る」、「生産調整については全国の農民と行動を共にし、協力していく」といった公約を掲げ、当選することができました。そして、以後、計6期にわたり、この村の運営を中枢で担ってきました。村長就任前には、農協の組合長もやっていましたので、まさに大潟村の激動期とも言える30年間において、その舞台のど真ん中にいたことになります。

言い方を変えれば、私は、大潟村を舞台としたこの壮大な「自治の実験」の内実の全容を、それを取り巻く国や県の動きなど他者が知り得ない情報も含め、最も直接的に把握できる立場にあったのです。だからこそ、私には、「歴史の一証人」として、大潟村で起きたことの内実を後世に伝える責任がある。そう考えました。

「しがらみのない、対等・平等な関係性」の中でゼロから出発した大潟村での自治の実験は、まさに「余計な影響を遮断した実験室」での実験のようなものだと思います。そうした条件下で、ある種の「極限」状態に置かれたとき、人々はどのような行動をとったのか。自治の内実は、どのようなものとなったのか。そこでの課題やそれを乗り越えるための営みは、どのようなものであったのか。

これが本書で明らかにしたいことです。

その作業は、他の自治体でも生じ得る事柄を最も先鋭な形で示すことであり、本書で明らかにされることは、全国の自治体関係者にも役立つものであると私は確信しています。

本書は大潟村の歩みをめぐる証言の形をとりながら、より広く自治の問題を考えるための素材を提供するものです。その意味で、本書が想定している読者は、大潟村に関心をお持ちの方に限定されません。むしろ、一人でも多く、全国の皆様に手に取っていただきたいと願っています。

なお、私がこの記録を残すにあたって考えたことの一つに、大潟村は国民の税金を基に誕生した村であるということがあります。この村の歴史を全国民に報告する責任があると考えたのです。

最後に、2点だけお断りしておきたいと思います。

第1に、上記のように、本書は、その読者を大潟村に関心をお持ちの方に限定していません。しかし、大潟村村民、特に若い方には是非本書を読んでいただきたいと思っています。というのも、村誕生50年以上が経過する中で、ある年代以降の人たちはかつての激動の時代をあまり知りたがらない傾向があると思うからです。しかし、この村の先人たちが生きていくために何を考え、どのような行動をとってきたのか、そこから学べることは少なくないはずです。先人たちが人生を賭け、身を挺して歩んだ歴史は、日本で唯一の「ゼロからの村づくり」の貴重な歴史でもあります。

そこで、本書では、大潟村自体に強い関心をお持ちの方でなければ、いささか退屈で、細かすぎると思われるであろう内容も含めています。たとえば、トピックス①で取り上げた「農協の歩み」などがそうです。これをあえて収録したのは、今、それを語り、村民に伝えておかないと、歴史に埋もれてしまい、分からなくなってしまうからです。ただ、一般の読者の皆様にとっては、こうした個所は読んでも退屈でしょうから、遠慮なく、読み飛ばしていただければと思います。

第2に、起きた事実を伝えることが重要だと考えています。私はこれまで、直面した状況の中で、その都度、「かくあるべし」と思うことを主張し、行動してきました。しかし、私を批判する人たちは、彼らなりの正義を振りかざし、行動しました。本書の中で、それに対する批判（再批判）を展開することもあろうかと思います。

しかし、私は、自分が正しく、彼らが間違っていたなどと主張するつもりはありません。その評価は後世にゆだねるよりないと考えています。なぜなら長い年月が経過した後で振り返るときにこそ、物事の本質が見えてくると思うからです。

是非、読者の皆様からの評価を仰ぎたいと思います。

目次

第1章　はじまり

原点

「いよいよ始まるのだなぁ〜！」

目の前に広がる広大な大潟村の大地を目の前にした、あの心躍るような感覚！　今でも決して忘れられません。1969（昭和44）年10月25日、私は、仲間たち5人とともに大潟村に入植したのでした。

入植後の1年間は、毎日、訓練です。大潟村での農業は、10ha（後に15ha）という大規模農業なので、農業機械一つとっても、普通の農家のそれとは大きさも操縦の難しさも格段に違います。そして、「協業経営」をすることになっていたので、仲間とチームを組んでそうした農業機械を共有しながら、効率化を図りつつ、高い収益を目指します。慣れなくて、苦労も少なくなかったですが、未来の農業のあり方を実践しているという充実感の方が、それよりも遥かに大きかったのです。当時は、すべての入植者の全身から希望とやる気があふれ出てくる感じでした。

これから少しずつ、私が大潟村村長になったいきさつなどをお話ししていくつもりですが、その前に、入植する前のことについて、少し触れておきたいと思います。

私は、今の大潟村の隣にあった八竜村というところで、農家の長男として生まれました。中学1年生のときに父親が亡くなったため、高校を出てすぐに、農業を継いだのです。しかし、これによって、とんでもない苦労に直面することになりました。

当たり前の話ですが、田んぼに水を引かなければ、稲は育たない。日照りになって、水が足りなくなると困るわけです。そこで、上流から流れてくるわずかな水を分け合うわけですが、ここでいわゆる「我田引水」というものに苦しむことになりました。やはり、人間、自分の田んぼに少しでも多くの水を引きたいわけです。板を調整して、その場で水を分けるのですが、自分がその場からいなくなると、いつの間にか自分の方に流れる水は止められて、別の田んぼの方にいっている。だから、みんなお互いに夜を徹して朝まで田んぼについて、監視するのです。星空を見ながら。隣の人もそこにいるわけです。

私はつくづく考えました。当事者が約束を守れば、家に帰って寝られるのに、その約束を守れない状態とは何なのだろうか、と。「これでいきましょう」と合意しても、帰った人が次の日の朝、自分の田んぼに来てみれば、水が一滴も入っていない。これが「我田引水」です。人間の本性なのか。極限になればみんなそうなるのだということを痛感しました。だからといって、裁判するわけにもいきません。

私は暗澹たる思いで星空を見ながら、なぜ、農民はこの程度しかできないのか、と本当に情けなく思いました。しかし、こんなことで喧嘩して気持ちがすさんでいくということはおかしい、こういうことはなくさなければなりません。

そのとき、私が考えたのは、区画整理をすることでした。今までは乱雑で複雑な水路で、水の効率も悪かったからです。それを区画整理して、ポンプをつけて、揚水して水を潤沢にすれば、先に述べたようなこともなくなるはずです。

それを少しでも早く実現させたいと思った私は、なんと、政治に参画することを決めたのです。25歳のときのこと、私は八竜村議会議員に立候補し、村議会議員となったのでした。

こんな話をしたのは、ほかでもありません。自分の原点はまさにここにあったと考えざるを得ないからです。人間というものは、極限まで追いつめられると、やむにやまれず「我田引水」になってしまいます。だからこそ、もう少し人々の暮らしを豊かにしていくことで、この矛盾を解決して、みんなが仲良くやっていけるようにしなくてはいけません。そうなっていないのは政治が悪い。だから、自分がそれを変えていくのだというわけです。

あるとき、自分の人生を振り返った折に、結局、自分の一貫した思いはまさにそこにあったのだ、と改めて気づかされた次第です。

大潟村誕生～入植者同士による最初の選挙活動

もっとも、私は八竜町での2期の議員選挙を経て、大潟村への入植を決めましたので、一旦政治の世界からは足を洗いました。八竜町をよくしていきたいという思いは本気だったのですが、そこに大潟村への入植の話が出てきたのです。私も若かったので、「モデル農村で新しい農業を作り上げていく」という話にたまらないロマンを感じてしまいました。そこで、悩み抜いた結果、八竜町の皆さんに頭を下げて、大潟村への入植をすることにしたのです。

実はそのとき、妻と約束したのです。もう政治家はしないと。真面目に農業に打ち込むからと。そのときは、再び政治家になることは本当に考えてもいませんでした。

ところが、結局、後に私は大潟村の村長になるわけです。「やはり好きだからやめられなかったのだ」と冷やかす人もいますし、そう言われると自分でもそうだったのかなと思わなくはないのですが、先ほども書いた通り、入植した際には、本当に政治家になる気はなかったのでした。

ではなぜ政治家の道を再び歩むことになったのか。振り返ると、一つの大きな分岐点となったのが、農協の組合長問題だったのではないかと思います。

そのことを述べる前に、まず説明しておかなければならないことがあります。私たちが入植した時点で大潟村は自治体として設立されてはいたけれども、村長も議会議員もいなかったということです。後に初代村長となられる嶋貫隆之介さんが村長職務執行者としておられたけれども、知事から指名された人事でした。つまり、大潟村で最初に選挙で選ばれたのは、農協の理事だったわけであり、だからこそ、議会が設置されるまでの間は、農協が自治体の代わりのような役割を担っていました。そのことを踏まえた上で、以下の事情をお話ししたいと思います。

まず、大潟村農協が設立されたのは、１９７０（昭和45）年9月13日のことです。この段階ではまだ5次入植者はいなかったので、1次から4次までの入植者が組合員となって設立されました（1次56人、2次86人、3次１７５人、４次１４３人、合計４６０人）。

これに伴って理事の選挙が行われたわけです。理事数は計12人です。当選者を入植年次別に表すと、1次が2人、2次が2人、3次が5人、4次が3人でした。このとき、3次入植の私も当選しました。

次に問題となるのが、理事の互選で選ばれる組合長のポストです。組合長に立候補したのは、1次入植の津島信男さん、松本茂さんの二人でした。私たち大方の理事たちは、組合長は1次の中から出るだろうと想定していましたので、ここまでは予想通りでした。入植者は各年次毎に丸1年間合宿して訓練を受けた学校の先輩後輩の関係でもあり、第1次入植者は大先輩だからです。

私たち残りの理事は、二人の話し合いを通じてどちらが組合長になるのかを決めてほしいと伝えていました。しかし、その話し合いはうまくいかず、二人ともどうしても立候補したいということになりました。

二人とも、実に個性的な論客で、強力なリーダーシップを発揮する方でした。それぞれが自分の観点から鋭い意見を述べ、相手を手厳しく批判する。この論争にはびっくりでした。しかし、こうなると一本化もできないし、大変なことだと感じました。

困ったのは、二者択一をせまられた私たち残りの理事です。そこで、理事の中でより近い考えの人たちの会が開かれ、私も参加しました。私は、どちらかといえば人柄の点から津島さんがよいと考えていましたが、この仲間同士の話し合いの中でも、意見は半々くらいに分かれていきました。私と同じ三次入植の馬場登さんは、松本さんにすべきだと言います。これまで設立準備委員会の会長としてやってきた人を立てるべきだというのが、その理由でした。それに対して、異論も出ました。理由は松本さんは奥さんを連れてきていない。入植時に奥さんと2人で1・8人の労働力があることが国の条件なのに守っていない。そういう人はふさわしくないとの意見でした。

このままでいけば、我々もそれぞれの判断で分かれての投票になるしかない。そこで、私が提案し、「馬場さんに松本さんところに出向いてもらって松本さんの考えを聞こう。その後で協議しよう」ということになりました。

その結果、馬場さんの報告によれば、松本さん曰く「妻が来ていないのは申し訳ない。春までは必ず連れてくると約束するので是非応援してほしい。皆さんにもよろしく伝えてほしい」とのことでした。

私は、先にも述べた通り、津島さんがよいと内心思っていましたが、日頃から尊敬していた馬場さんの意見も理にかなっているし、松本さんも約束するというのであれば、松本さんでまとまっていくべきだと考えました。

結局、その後、相談の結果、流れが大きく松本さんに傾いたため、投票によらず、推薦という形で松本さんが初代組合長になったのでした。

しかし、これで一件落着とはいかなかったのです。

実は、初代組合長の任期は、設立当初ということで、1970（昭和45）年9月から1971（昭和46）年3月31日までの6カ月と決められていました。この任期が過ぎ2回目の選挙になりました。結果は、理事12名の内訳は、1次が3人、2次が2人、3次が4人、4次が3人でした。そして、再び、組合長選が問題となったわけです。

このとき立候補したのは、松本さん、津島さん、小沢健二さんの3人でした。いずれも第1次入植者です。しばらくは3人がそれぞれ運動していましたが、小沢さんが退いて松本さん、津島さんの二人になりました。前回と同じになったわけです。しかし、前回とは状況に変化がありました。松本さんの約束が守られることはなく、奥さんが春になっても大潟村に来なかったのです。約束を破ったということになり、理事の中から今度は応援できないという声が出ました。さらに、最初の減反割当の際、松本組合長が理事会に諮らず、1次入植者が有利になる配分方法を提案をし、全体会で拒否され、平等配分にされたこともあり、1次入植者以外から批判があったことも、松本さんには逆風となりました。

一方、そんな中、津島さんが、「私は役員報酬はいらない。タダでいいから頼む」と言ったという話が伝わってきました。これには、さすがに「組合長は名誉職か」との反論が出ました。事態は、全く混とんとしてきたのでした。

二人の運動はどんどん激しくなっていきます。3次、4次入植者からなる私たちの仲間も、一本化は難しいという思いを強くしていきました。このまま進めば二分することになるし、各自の判断で投票してもどちらが勝つか分からない状態でした。

そんな中、特に比較的考えの近い仲間の中から、「各自の判断で投票するより、自分たちの仲間の中から一人候補を出した方がよい」という案が出ました。そして、話し合いの結果、最終的に私が指名されたのです。

もっとも、私たちの仲間は6人で、12人の理事の中では過半数には足りません。しかし、そのことはあまり問題にしていませんでした。仲間が分断され、お互い争うのを避けるという意味の方が強かったからです。

候補者が3人になったため、松本さんと津島さんは、すぐ一本化の話し合いに入りました。ところがやはりどちらも引かない。そして、何日も過ぎます。投票する理事会も近くなってきます。

実は、私はあまり深く考えていませんでした。成り行きで候補になったのだし、相手方は土壇場で必ず一本化するだろうと考えていました。そして投票の前日に馬場さんと数人の仲間に伝えました。「たぶん、最後は一本化するだろうから投票で6：6になった場合、相手がどの人であっても私は次の段階の抽選を辞退する」と。それを聞いた仲間たちは、賛成してくれました。

ところが、投票の結果は、宮田6、松本3、津島3だったのです。こうして私は、1971（昭和46）年5月、第2代目の組合長になったのでした。

このとき私は32歳。理事の中で一番年下でした。そして第3次の入植者です。入植してまだ日も浅く、交流の機会も少なく、知らない人も多い若輩の私が組合長になったことで不安を感じた人も多かったと思いますし、私自身もただ事では済まないだろうという予感がありました。予想通り、理事会はもとより総会でも長時間会議の連続でした。論客のオンパレード、時間無制限の一本勝負という感じで、答弁する方も四苦八苦です。就任当初の総会は午後1時から始まり、夜の12時過ぎまで連続で、寒い学校の体育館でやりました。今から考えても、あの頃はすごかったなぁとつくづく思います。

私は、このあと7年余り組合長を務めることになりますが、就任2年目に起きたのが、いわゆる「第1次青刈り騒動」でした。これがその後の大潟村の趨勢を大きく左右する出来事となっていくのです。章を改めて、そのことについてお話をしていきたいと思います。

第2章　モチ米追加作付け指導と第1次青刈り騒動

減反政策と新規開田抑制

本章では、前章で触れたように青刈り騒動について述べたいと思うのですが、まずはその前提として、減反と新規開田抑制についてお話をさせていただきます。

日本のコメ消費量は1962（昭和37）年の1人当たり118・3キログラムをピークに減少に転じ、日本は「コメ過剰時代」に入りました。ここには、機械化と技術革新によるコメの収量増加だけでなく、パン食の拡大という背景があります。

こうした事態に対し、国は、主に、減反政策と新規開田抑制という二つの施策で対応を試みました。

まず、減反政策というのは、政府が、奨励金等のインセンティブを設けることにより、農家にコメ作付け面積を減らすことを求める施策です。減反した農地にコメ以外の作物を作付けすることを「転作」といい、何も作付けしないことを「休耕」といいます。この減反政策への協力をめぐって、後に大潟村は真っ二つに割れていくことになるのです。

一方の新規開田抑制は、大潟村に直接的な影響を与えていきます。1970（昭和45）年2月19日に発出された農林省事務次官通達「新規開田の抑制について」の中で、「八郎潟干拓事業については、第4次入植者の圃場は造成するが、既定計画による第5次入植者の募集は行なわない」という文言が入っていたからです。

しかし、1972（昭和47）年10月31日に、和田正明・八郎潟新農村建設事業団（以後、事業団）理事長は、農林省に対し、「早期に入植を再開しなければならない」とした上で、「田畑複合経営の入植を実施することが適切」であり、そのために「中央干拓地全体の水稲作付け面積を増加させないで、新規入植者にも水稲作が行なえるようにする」という提案を行いました。

これを受け入れる形で、農林省構造改善局は、1973（昭和48）年1月5日、「八郎潟中央干拓地における営農および土地配分の方針について」を決定し、「既入植者の経営規模は、現在の水田10 haを変更し、新たに5 haを加え、稲作7・5 ha、畑作7・5 ha、計15 haの大きさとする。新規入植者の経営規模は既入植者の減少する稲作面積の総計の範囲内において水田を配分することとし、稲作7・5 ha、畑作7・5 ha、計15 haの大きさとする」としたのでした。これを受けて、基本計画の基本方針が変更され、原則15 haが配分されることになったわけです。

なお、基本方針の変更内容は、以下のように記されていました。

「中央干拓地における入植者の営農については、大型機械の共同利用等による田畑複合経営を基本とする。なお、稲と畑作物の作付けは、当分の間おおむね同程度とする。」

この「当分の間」、「おおむね同程度」という表現や、土地配分に際して農林大臣と入植者との間で交わされた契約書の中の「土地所有権取得後10年間を限り、当該土地を負担金相当額をもって買収することができる」という文言が解釈の余地を生み、後述の青刈り騒動やヤミ米検問事件にも大きな影響を与えていくのです。

減反初年度（1970（昭和45）年）の出来事～はじめは皆、減反したかった～

以上を踏まえた上で、青刈り騒動について語る前に、もう一点だけ説明しておきたいことがあります。のちに過剰派の人たちは「米を作るのは農民の権利であり、減反政策はそれを奪うものだ」といった主張をするようになりますが、少なくとも当初は、そうした主張とは異なる実態があったということです。予めご留意いただきたいのは、1973（昭和48）年までは、「休耕」に対しても奨励金が支払われたという事実です。

さて、政府が大潟村に減反を割り当ててきたのは、大潟村農協が設立され、初代役員が選出された直後、1970（昭和45）年のことでした。その割り当ては、農協に対して行われました。その背景には、当時まだ大潟村には、村長も議員もいなかったという事情があります。まだ選挙もなく、入植者が選挙で代表を選んでつくった最初の団体が大潟村農協だったのです。

それはともかく、減反割り当てに対し、大潟村としてどう対応するか。それについての腹案を提示したのが、初代の組合長であった松本さんでした。松本組合長は、入植者（組合員）全員集会を開き、減反の配分方針を提案したのです。

ところが、なんとその内容は1次入植者に多く面積配分し、2次、3次、4次入植者には少なく配分するという案でした。このとき、私は副組合長になっていたのですが、この案の内容は知りませんでした。当然、ほかの理事も知りませんでした。つまり、理事会にも諮らずにいきなり提案がなされたのでした。

前に述べた通り、当初の減反政策においては、「休耕」に対しても奨励金が支払われました。当時は田んぼが軟弱で、雑草もひどく手のつけようのない農地がどの入植者にもあったため、稲を作付けしなくとも休むだけで減反の補助金がもらえるならば、誰もがその割当てが欲しいというのが本音でした。

そのため、会議は最初から紛糾しました。なぜ一部の人に手厚くするのか、平等にすべきだとする意見が出て、収拾がつきません。中には、（松本組合長が1次の入植者だったので、）「1次の人を有利にしたぶんどり合戦か」という意見までありました。

とてもまとまる空気ではありませんでした。そこで、私は、松本組合長に耳うちをして、「このままではまとまらないので、私が発言してもいいか」と言ったら、「よい」ということでしたので、「実はこの案は理事会にまだかけていなかったので、今日の会は流会にさせてもらいたい。次回は理事会で検討した案を出し、皆さんから意見を聞いて決定するから」という発言をし、その場をどうにか収めたのです。

そして、その後、理事会で協議し、全員に平等に同じ面積で配分することが全員一致で決まり、全体集会も全員異議なしで了承されました。

このように、当初は、減反をむしろ皆望んでいたのです。ところが、その後、「休耕」では補助金がもらえなくなりました。すなわち、畑作物を作付けしなければ補助金をもらえない制度に変わったのです。その結果、減反をすると損をするので、減反反対の農家が増えていったというわけです。

このことが、青刈り騒動やヤミ米問題へとつながっていきます。

モチ米2・5ha追加作付け指導

その後、生産調整（減反）をめぐる配分および消化は、スムーズに行われていました。しかし、1975（昭和50）年から15haで田畑複合の営農が始まることになっていたのですが、それに対しては、皆、不安を抱えていました。当時の大潟村の農地は、八郎潟を干拓してから時間があまり経っておらず、水はけも悪く、野菜には全く向いていなかったからです。

そこに食糧庁から画期的な提案がなされました。1973（昭和48）年10月1日のことです。食糧庁の出先機関である秋田食糧事務所の所長がやってきて、組合長だった私に、「モチ米が不足しているので1970（昭和50）年に、1戸当たり2・5haずつプラスして作付けしてもらえないか」という提案をしたのです。モチ米ならば、野菜と違って作りやすいので、願ったりかなったりです。

しかし、私は、「願ってもないことだが、果たして大丈夫か？」という一抹の不安があり、役員に相談してみました。すると、「それはやるべきだ、国の機関が言うのだから」ということで、皆、賛成したのでした。

それでも、私は先走って後で問題が起きないか心配だったので、手順を踏むべきと考え、食糧事務所の所長から全員集会で直接説明してもらうことにしました。所長も了解し、全員を集めて2・5haモチ米を作付けしてほしい旨を皆の前で説明してくれました。聴いていた各農家は、「これはよい提案だ」と、大いに盛り上がりました。

モチ米2.5ha追加作付け指導

しかし、私には、それでもまだ引っかかりがありました。そこで、役場、県庁、事業団にも相談に行きました。役場の村長職務執行者であった嶋貫さんは、「それはよい話だ」と言ってくれました。県庁は、「国の出先の所長が現地に出向いて依頼しているから、問題ありません」ということでした。

ただ、私が、一番重要と考えていたのは事業団でした。そこで、和田理事長のところに何回も通いましたが、「駄目」とは言いませんでしたが、「よい」とも言いませんでした。

しかし、私としては、その後も念を押し、了解を得たと感じました。そこで、話を進める決意をし、理事会に諮り、全員一致で作付け指導をしていくことを決定したのです。入植者にしてみれば、田畑半々となって畑作に不安が山ほどあるときにモチ米2・5ha追加話は全くの朗報で、どんどん走り出して止まらない状況でした。

ところが、全体会にも説明し、種籾の準備もし、作付けに向けて走り始めた頃、農水省から、まさかのストップがかかったのです。1975（昭和50）年3月28日のことです。「モチ米の追加2・5ha作付けは認められない。もし、作付けすれば契約違反」とする通知が来たのでした。さあ大変です。

事業団、県庁、村に行っても、前とは態度が急変し、「国が言うのであれば従うべき」だと言います。しかし、当然のことながら、組合員は激しく反発しました。「なぜこうなったのだ？」、「組合長の指示に従ったのに」、「責任をとれ」と、私に対する風当たりも非常に厳しいものがありました。「走り出したら止まらない」と言う人も多くいました。まさに、収拾がつかない状況になったのです。

私は、国との決着が遅れれば遅れるほど、問題も、傷口も大きくなると考え、大いに焦りました。

私は、何回も上京し、当時の農林省の窓口であった鶴岡俊彦参事官と話し合ったのですが、合意には至りませんでした。そこで、稲の作付けの時期も迫ってくるし、私は意を決して、私なりの案を考え、電話で鶴岡参事官にこう言いました。

「食糧庁から頼まれて前から進めてきたのです。もう播種した人もいる状況です。作付けに向けて走り出している状況で、早いうちに決着したいので、稲の作付け上限面積は8ha台とするという表現にしていただきたい。もう一つは、この問題決着後、私は組合長としての指導が甘く、各方面に迷惑をかけたので、組合長と理事を辞任することを公表した上で、この問題の解決に当たりたい。」

以上の二つを伝えたところ、鶴岡参事官は、「組合長がそこまで言うのであれば認める」と言ったのです。私は「確認のため明日にも上京します」と言ったのですが、「来なくともよい。あなたがそれを守ってくれるのであれば、これで決める」と鶴岡参事官は言ってくれました。

実は、15haのうち、「稲と畑作物の作付けは、当分の間おおむね同程度とする」という契約文のうち「おおむね」の解釈で見解がそれまで一致していなかったのです。国は「おおむね」の範囲は「プラスマイナス10%」という考えです。7・5haに仮に10%プラスすれば8・25haまでという解釈です。それに対して私の提案は8・99haまで認めてほしいというものでした。参事官はそれを認めたのです。

かくして、国の認める案が決まったので、理事会や全体会で是正案の内容を説明し、了解を得ました。又、個人にも巡回してお願いして歩きました。「国との交渉で稲の作付け上限8・99haまでの案になった、皆さんには私の指導の甘さから大変ご迷惑をかけたので、この問題決着時に組合長と理事の辞表を出しますので、どうかこの案で決着するようにとお願いします」と言ってお願いしたのでした。

第1次青刈り騒動

計画修正全体説明会は、農協と村の共催の形で1975（昭和50）年4月28日に行い、続いて最終全体説明会も5月2日に開催し、理解を求めました。この時点で撤退すれば、種子と育苗の損失程度で終了するので、大多数の農家はこの段階で撤退しました。

しかし、中には、これに納得をせず、そのままモチ米を作付けした農家もありました。これに対し、農林省は、追加配分の際の契約書を楯に、農地の取り上げを示唆しながら、強い態度で是正を求めました。しかし、これに対し、農家の中には、徹底抗戦の構えを見せる者も少なくありませんでした。他方、田植え前に大量の苗を廃棄した者からすれば、「正直者がバカを見るのは、不公平であり、許せない」ということになるわけで、村内に不穏な空気が立ち込めました。私たちも、その決定に従ってどうにか8ha台にとどめるようにと入植者への説得をしたのですが、従ってもらうことはできませんでした。

最終的に、事業団は、9月1日付で、過剰作付けの155人に対し、「5日午後5時までに処分すること」という最後通告を行いました。これを受けて、最終的にはすべての農家が青刈りを行い、結果的には全員が国の指導の範囲と認められたのでした。かくして、「第1次青刈り騒動」は終結を迎えたのです。

なお、その後、私は、組合長としての責任をとるべく辞表を出しました。すると、他の理事も「我々にも責任がある」として、結果的に全員が辞表を出すことになりました。そして、私をはじめ多くの理事が再度立候補した再選挙では、そのほとんどが再選され、再び私が組合長に指名されたのでした。

今だから言えること

この問題に関して、今まで話さないできたことですが、今だから話してもよいのではないかと思う出来事がありました。それは、事業団の和田理事長へモチ米作付けの了解をお願いに通い、最後のお願いのつもりで行ったときのことです。

その日も、和田さんは、相変わらず、「よい」とも、「駄目」とも言わず、変化はありませんでした。帰りのあいさつをして、理事長室を出て、トイレに入りました。すると、気がついたら、私の立っている、一つおいて左側に和田理事長が立ったのです。私は半分ビックリの感もありましたが、思い切って話しました。「さっきの話、いいでしょう」と言いました。そうしたら、無言で頭を下げ、はっきりうなずいたのです。

そこで、「ありがとうございました。進めるようにします」と言って別れたのでした。

今思えば、それは理事長として入植者を少しでも助けてやりたいという思いからの行動であったと思います。しかし、そこまでの応援があっても、越えられない壁があるということを、私は察知できませんでした。「そこに私に甘さがあったのだ」と、今でも深く反省しています。

第3章　第2次青刈り騒動と村長就任

初の公職選挙

「大規模な公有水面の埋立てに伴う村の設置に係る地方自治法等の特例に関する法律」の規定に基づいて大潟村が設置されたのが1964（昭和39）年9月10日、そして、第1次入植者が村で生活を始めたのは、1967（昭和42）年のことです。しかしながら、通常の自治体であれば行われるはずの村長選挙や議員選挙は行われないまま時は流れていきました。村民が待望していた設置選挙（村長と村議会議員を選ぶ選挙）が行われたのは、1976（昭和51）年9月5日のことでした。これは、大潟村農協の設立選挙が行われてから6年後のことになります。

自治体としての初めての選挙ということで関心も高く、マスコミも大注目でした。村長選には、それまで長い間、職務執行者をしていた嶋貫さんと、第1次入植者の小沢健二さんが立候補し、嶋貫さんが当選しました。一方、議員には19人が立候補し、16人が当選しました。初代議長には、津島信男さんが選出されました。

第2次青刈り騒動

ところで、この設置選挙が行われた1976（昭和51）年は、第1次青刈り騒動の3年後に当たります。この年、農林省は、水稲作付けの上限面積を8・6haに設定した上で、この上限面積の順守を求めました。ただ、前年と異なっていたのは、「ゼブラ方式」という「抜け穴的方法」を容認したことです。これは、1枚1・25haの圃場8枚に水稲を植えるが、圃場内に何本かの排水路を設けることによって、上限8・6haにつじつまを合わせるという方法を指します。

翌年、1977（昭和52）年も、8・6haを作付け上限面積とするという方針が決まっていましたが、この年に関しては、村主導で水稲確認作業が行われたため、裁量によって弾力的な対応がなされたのでした。

そして、1978（昭和53）年には、大潟村は転作目標214haを割り当てられたのですが、上述の設置選挙によって選ばれた村議会議員が構成する全員協議会は、これへの対応方策として「互助方式」を入植者に提案しました。これは、一言で言えば、一部の農家が転作を引き受け、非転作農家がそれに対する所得補償を行うというものです。具体的には、「村内各組織の有給役員ら25戸が214haを全面畑作し、それ以外の農家はその分稲作を実施して25戸に1戸30万円（30万円×555戸＝1億6650万円）ずつ支払う」（『大潟村史』）というものでした。畑作を行わない農家が稲の作付け上限を10枚、12・5haとすることで得た利益の一部で畑作農家に補償を行うというわけです。

この当時、私は農協組合長でした。しかし、選挙が行われるようになったことで、作付け指導は議会と村に移っていましたので、農協としては、決められた方向に協調していく立場でした。

ところが、この年は、「水田利用再編対策」に基づく新生産調整の初年度だったこともあり、農林省は、この方式を認めませんでした。田植えが終わる直前に、県農政部長らが大潟村の現地調査を行い、作付け面積を減らすように要請したのです。「第2次青刈り騒動」の始まりです。

このときには、大潟村の生みの親の一人とでも言うべき、小畑勇二郎知事も非常に厳しい姿勢を示し、是正を求めました。秋田地区農業委員や県町村会も「断固踏みつぶし」の要望を行うなど、大潟村は周囲からの強い批判にさらされたのでした。知事に厳しくとがめられた嶋貫村長も、一転して方向転換し、是正を求める立場になりました。

最終的には、過剰作付け者に対し、東北農政局長名で買収予告通知が届き、最終的な是正期限が8月12日午後5時に設定されました。これにより、抵抗していた人たちもついにあきらめ、あちこちで青刈りや踏み潰しが行われたのです。「第2次青刈り騒動」の幕引きです。

議会主導・村長黙認が原因

『大潟村史』には、この間の成り行きについて、「稲の作付け上限を10枚、12・5haとすることは、当初の水田配分面積10haを2・5ha超えることを組織的に画策したとの解釈も可能になる。しかも、実際にも、稲の作付けが平均で設定上限近くまで拡大したため、つじつまのあった説明が不可能になり、事態は深刻化した。多くが行政側によって『過剰作付け』と見なされ、上述した『買い戻し条項』をタテに約2000haにも及ぶ『青刈り』を命じられることになったのでした」と記されています。

しかし、そもそも、どうしてここまで過剰作付けに走ることになってしまったのでしょうか。実は、その伏線は、議会議員の選挙戦からあったのです。

個々の農家の心情としては、稲を多く作付けしたい。しかし、それによって農地を国から買い戻しされることは絶対に避けたいのです。故に自分個人の責任で突っ込むことはしたくない。「誰かがリーダーになり、団体が旗を振れば、それについていく」ということです。要するに、「自分はついていっただけだ」という免罪符が欲しかったわけです。

したがって、議会選挙は、積極的に作付け拡大をやる気のある人へ投票する選挙だったのです。当選した議員も、農家の気持ちは充分知っているので、その勢いに乗って決定したものと考えられます。農家は、「それはいいことだ」と喜ぶのです。「それでこそ、我々の代表だ」と。しかし、結果はそうはいかなかったのでした。

上記提案の一番の弱点は、全く秘密にして行政やマスコミに公開せずにやったことです。村議会議員が正式な議会を開いて決定したのではなく、議員の全員協議会で案をつくり、農家に呼びかけただけなのです。

もう一つ重要なのは、知事の片腕であったはずの嶋貫村長も見て見ぬふりをしたということです。議会とのなれあいで、無責任すぎるとの思いで見られていました。しかし、6月頃になって知事の知るところとなり、厳しくとがめられ、その結果、嶋貫さんは、次の村長選に出ないことになったのです。知事に呼ばれたその日に県庁記者クラブで不出馬会見となったのでした。（なお、村議の大半も、次の選挙には立候補しないことになりました。）

農林省の正式な機関の出先の所長が全農家集会に出席してお願いしてスタートしたモチ米作付け計画でさえ、途中で反故にされた、という苦い経験を持つ私には、１９７８（昭和53）年の議会主導の作付け指導は非常に危ない橋を渡ろうとしていると思えてなりませんでした。このようなやり方で通るはずがありません。正面突破できると考えたのは、後で考えれば、あまりに甘すぎたと言わざるを得ません。

他方で、この出来事は、走り出した集団行動を止めることがいかに難しいものかを、我々に教えているように思います。

小畑知事より使者来たる～村長就任

第2次青刈り騒動の真っ只中の1978（昭和53）年7月のある日のことです。村役場から助役と課長のお二人が我が家に来られました。重々しい空気なので、座敷に案内すると、開口一番、「小畑知事の使者として来た」とのことでした。「次の村長選挙に嶋貫さんは出馬しないことになったので、宮田さんに立候補してもらいたいとの伝言です」と言うのです。

まさか小畑知事からこんな話が来るとは想像もしていなかったし、村内も大混乱の最中だったので答えようもなく、私は、「非常にありがたい言葉ですが、今こんな状況下で、私はすぐ返事ができるような心境でないので、もう少し検討させて下さい」と申し上げました。

私は考えました。「モデル農村、鳴り物入りでスタートした村。この後、村はどうなるのか？」、「私は、難破船の船長になるべきなのか？」など、様々な考えが頭をよぎりました。特に私にとって重くのしかかってきたのは、「私は郷里の八竜当時の仲間に何と説明するのか？」という問題でした。実は、私は、入植を決断したとき、八竜村の仲間から「この間まで八竜のために頑張ると言ったのに、我々を捨てるのか?」と批判されました。私は、返す言葉もなく、言葉少なに「隣に農業をやりに行くのだ。農業は同じだ。分かってくれ」と言うよりありませんでした。このことを、私は、心の中にずっと引きずっていたのです。

しかし、そうして悩み考えていく中で、私はだんだん気持ちが整理されていく感じがしてきました。「自分に悔いを残さないよう進むよりない。当落の結果はどちらでもよい」と考えるようになっていきました。

そして、「このままではいけない、大潟村の進む道をはっきりして、周辺町村と秋田県民と、全国の農民と共に歩む村を目指して進むべきではないか」と仲間に伝え、「それで行こう」ということで立候補を決意したのでした。

ここまでたどりつくまでには、使者による知事の伝言も大きな力になったと思います。しかし、知事の使者のことはあくまで非公式なことであり、このエピソードは、その後20年間は、一切公言しませんでした。

新村長への反乱

村長選挙は、小沢健二さんとの一騎打ちとなったのですが、1978(昭和53)年8月6日の投票の結果、初当選を決めることができました。その後、計6期にわたって村長を務めさせていただくことになります。

しかし、村長に就任した当初の役場の空気は、重く、冷たいものでした。長い間、庁内のトップで来た嶋貫さんが不本意な形で辞めざるを得なかった状況だったし、村誕生後、嶋貫さんと共に歩んできた職員たちの気持ちからすれば、無理からぬことでもあったと思います。まして、そこに39歳の若造が着任したのですから――。

私の最初の仕事は公約した村長室の移動でした。それまで村長室は2階の奥まったところにありました。私は、それを庁舎1階、玄関に入ってすぐの場所に移すと選挙中から公約していたのです。

しかし、それを職員の幹部会に提案したら、住民課長が反対しました。「住民課が2階に行くと住民が不便になるから動きません」と言うのです。

村長就任後最初の会議で堂々と反対する状況をみて、私もびっくりしましたが、「なるほど、これが今の庁内の空気なのだ」と思いました。

その後、何回も課長にお願いしたのですが、答えは変わりません。他の幹部も、「我関せず」という態度です。

そして、それから2カ月後、再び住民課長を呼んで伝えました。

「今まで話し合いで納得してもらいたいと思ってきたが、未だに了解をもらえないし、私も選挙で公約したことなので、是非実現したいと思う。ついては、話し合いで納得してもらえないとすれば、村長名であなたに職務命令を出す手続きをします。あなたも分かっているとは思うが、もしそれでも従わなければ、私はあなたを解雇することになります。私も色々考えた挙句の結論を出したのです。あと3日間は待ちますから、よく考えて回答してください」と。

その結果、後日、本人が来て「分かりました。村長の方針に従います」と回答してきたのでした。

この間、私は、新村長がどの程度のものかを職員に試されているようにも感じていました。今から考えても、やはり信念を貫き、たじろがない姿勢こそが大事であったと思っています。

第4章　過剰作付けの拡大と苦難、そして全面水田認知の実現へ

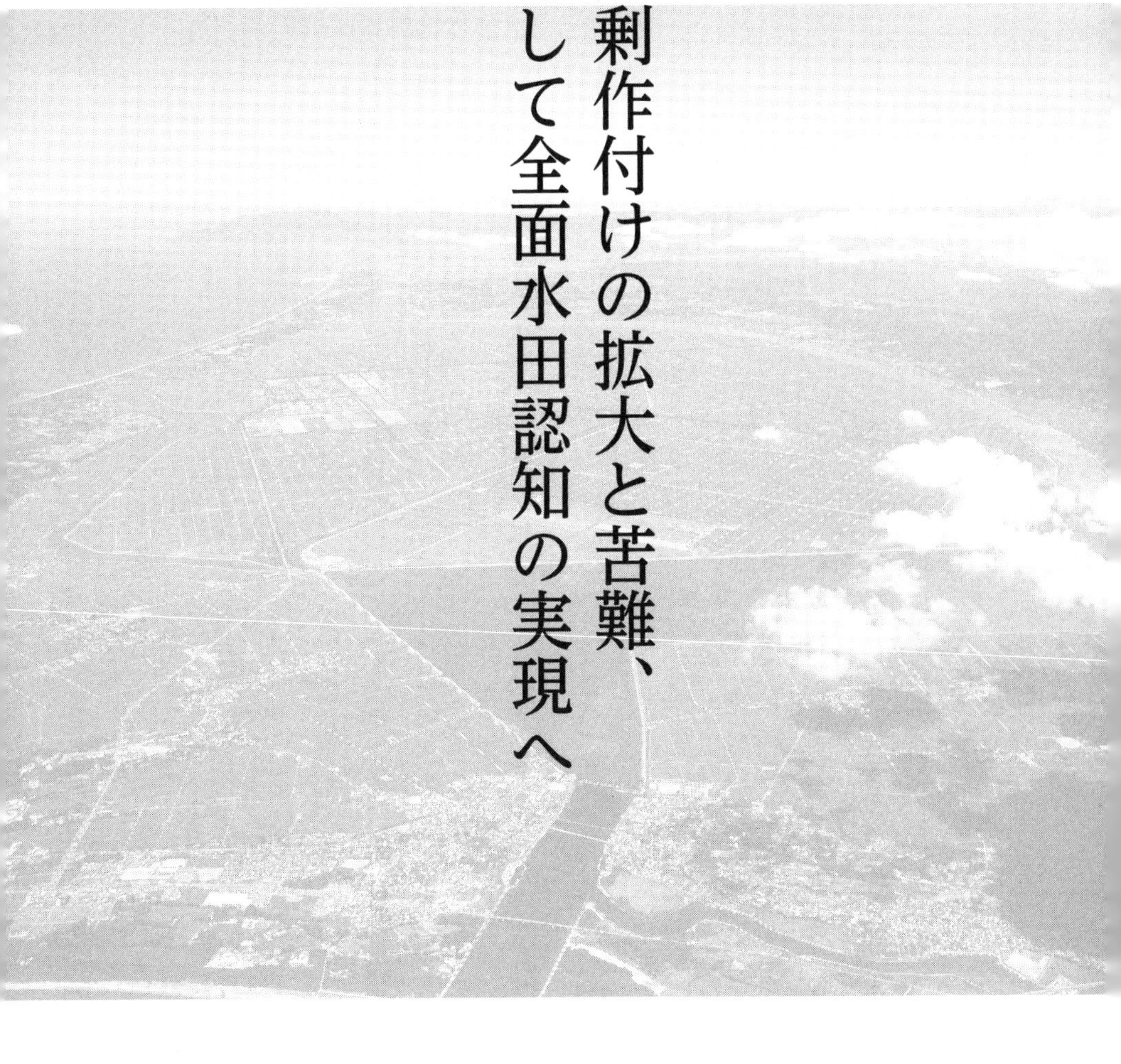

農事調停とその効果

私が村長になって6年目の1983（昭和58）年6月に、秋田地裁に農事調停の申し出（申出人200人、代表・松本茂）が出されました。全村に配布された『調停通信』という広報誌の第1号に、松本代表はその申し出の趣旨を明記した大論文を掲載しています。そこには、次のように記されています。

「私たちはいつも主張しているように、15haの田に『単に稲を植える』と言っているのではない。15haの田を田として認めるべきだと言っているのです」

これはどういう意味かというと、それまで国は、「15haのうち8・6haは水稲作付け面積だが、残りは畑作面積である」という立場をとってきました。水稲作付け面積において転作すれば、転作奨励金がもらえます。しかし、その土地が畑であるとすれば、そもそも畑なのだから転作奨励金はつかないという話になります。そうなると、畑作面積分は、畑作物の収穫・市況両面の不安定性による畑作収入変動リスクをモロに受けてしまうことになるわけです。

したがって、15haすべてが水田として認知されることは、国の指導に従ってきた順守派の人たちからすれば、畑作に伴うリスクを軽減でき、かつ、過剰派の人たちとの収入格差の是正につながるという意味でとても好ましいことになります。他方で、過剰派の人たちにとっても、すべてが水田として認知されれば、減反への協力はあくまで任意なのですから、安心して水稲作付けできるようになるわけです。つまり、15haすべての水田認知という、松本代表のこのスローガンは、すべての農家が賛成できるものだったわけです。

さらに、それを「農事調停」という形で提起したことは、「15ha水田認知は、裁判ではなく、話し合いで解決できる」というメッセージにつながりました。そこで、「それなら俺も俺も」と200名が申し出をし、それ以外に、氏名を記載する裁判所に出す書類には氏名を書かないけれども、その趣旨には賛同だとして会費を納める人も含めると、296人にもなったのです。

そして、それは、実に大掛かりな仕掛けでした。というのも、そこには、「みんなで渡れば怖くない」を地でいく巧妙な戦略が仕掛けられていたからです。すなわち、一方で、強力な弁護団をバックにしつつ、「国との話し合いを有利に運ぶためには、実力行使による効果がより大きい」として、みんなで過剰作付けをしていくという戦略がそれです。

彼らが強力な弁護団をいかに作り上げたのかは、1985（昭和60）年12月20日付の大潟村農事調停会の決算報告書を見ればよく分かります。会費は1人年5万円、会員296人で1480万円、寄付金232万円などで、収入金が1790万円。支出は、弁護士着手金480万円、弁護士報酬673万円など支出合計1651万円くらいになっています。これは会計担当者と監事2名が署名捺印してある1年間の決算報告書から抜粋したものです。

こうした戦略の前に、それまで生産調整に協力してきた人たちまでも、なだれを打って崩れていったのでした。

この農事調停は、1年半の月日を要したものの、「不調」という結末になり、申出人の意見は通りませんでした。

しかし、この農事調停が契機となり、その後、296人のうちのかなりの人たちが毎年過剰作付けを続けていくという流れになっていったのです。

閑話休題①：日本海中部地震

1983（昭和58）年5月26日昼食のため自宅にいるとき、大きな地震が来ました。グラグラッ……。立っていられないので、壁や柱につかまりながら、すぐ戸を開け外へ出ました。私が体験したもので、これまでで最大の揺れでした。

まさに「てんやわんや」でした。対策本部をつくるやら、初めてのことばかり。皆で手分けしてやるよりありませんでした。

堤防、道路、農業施設、特に用水施設が切断されたのが痛かったです。田植え直後で、水が続かなければ稲が枯死するというので、農水省も全国からポンプやホースを集めてくれました。涙が出るほどありがたかったです。

加藤六月・国土庁長官が、ヘリコプターで来て指揮して下さったし、「いざというときには国・県挙げて、こんなに皆さんで助けてくれるものなのだ」と、本当にありがたく思いました。

被害の総額は、400億円くらいと言われましたが、国・県・村がそれぞれ管轄している箇所の復旧に努め、秋の収穫を迎えることができたのでした。

それにつけても、村の部分の復旧について、激甚災害適用もあり99・7％まで補助金でまかなえたことは、本当にありがたかったです。

また、特筆すべきは、大潟村発足当初の集落に関する計画です。計画段階の案は8カ所、次に4カ所への集落の設置となり、最終的に1カ所（現在地）に変更になったと聞いています。なぜこうなったかというと、『事業団史』によると、地盤条件に問題があったからです。「ヘドロ土壌の上に砂を盛土しても、長期安定はしない」、「地震には特に弱い」などの理由から、ギリギリの段階で最も地震に強い場所が決定されたとのことです。

私たち入植者は、この1カ所案の意味は当初あまり感じず、むしろ、集落から圃場が遠いことを問題視しました。カントリーエレベーターの籾の搬入には、油代が多くかかる地区に遠距離対策費を補助するほどでした。

しかし、この1カ所集中に変更したことは、国の極めて適切な決断であったと思います。なぜなら、この日本海中部地震でも、集落地の建物、施設はほとんど被害がなかったのです。田んぼと住宅が離れていても「安全が第一」と考え、地盤が安定しているという理由で、この地に集落（中心地）を設置したことはまさに正解でした。

東日本大震災の復旧のあり方を検討する際にも、この大潟村の実例が大いに参考にされたと聞いています。

ヤミ米検問事件

その後、国（農水省）は、1985（昭和60）年3月30日、「10 ha」を水田として認める通達書を発出しました。（ただし、減反への協力が前提となるため、「10 ha体制」といっても、10 haすべてに稲作をできるわけではなく、稲を作付けできるのはこのうち8・54～8・6 haとされ、1・4～1・46 haは転作奨励金はつくものの、残る畑作面積4・25 haについては転作奨励金がつかない、という点には留意していただきたいと思います。）

ところが、「10 ha体制」になったにもかかわらず、この年も、10 ha以上の過剰作付けを行う農家が168戸にも上ったのです。上で述べたように、農事調停が影響したのです。

転作についても、前年まで非協力者分を順守農家が肩代わりする形で転作目標を達成していたのですが、ついにこの年は消化しきれず、初めて未達成（達成率71％）となりました。

もちろん是正指導は行われていましたが、それが全く功を奏さなかったのです。そのため、この168戸の米がヤミ米として出回ることを防ごうと、1985（昭和60）年10月7日、食料事務所と秋田県は、大潟村内の道路5カ所に検問所を設置し、1年間24時間態勢のヤミ米（自由米）の封じ込め作戦を開始したのです。

村にはその前日に連絡があり、「明日からやる」ということでした。村としては、行政事務の範囲で協力するよりないということにしました。全く事前の動きもなく突然だったので、どうやるのだろうと思っていましたが、「道路の一斉封鎖」とマスコミは大々的に報道し、大きな騒ぎになりました。

「24時間無期限封鎖」ということで、村内の空気は張り詰め、緊迫状態でした。対象農家としては、捕まれば食糧法違反になるし、米を売らなければ大変だし、あの手この手で突破の手法を考えたようですが、2～3日後から「抜け道があるからあまり効果はない」という話も流れていました。

取り締まりは、結局18日間にわたって行われました。夜も昼も動員された県や国の職員の皆さんは、嫌なことにもかかわらず、黙々と夜の当番を務めておられました。「なんでこんなことをしなければならないのかなあー」と言われたとき、私は「申し訳ありません」と言うよりありませんでした。

この事件がマスコミによって大々的な報道がなされたために、大潟村のダーティなイメージが全国的に拡散することになってしまいました。他方で、取り締まりによる実質的な効果はほとんどなく、行政と対象農家との間の互いの不信感がより増幅されただけで、後味の悪さばかりが残った出来事でした。

ヤミ米事件不起訴（1988（昭和63））年

翌1988（昭和63）年1月11日には、秋田地検が、上述のヤミ米による食管法違反（無許可販売）で書類送検された農民3人を「嫌疑不十分」として不起訴処分としました。これがまた過剰派を勢いづかせることになったのです。この年、営農集団を離れて「自主作付け」に転ずる者は増え、営農集団員323戸に対し、自主作付け者は260戸となりました。

2億7000万円余の損害賠償請求

もっとも、私個人に関して言えば、この検問事件はこれで終わりではありませんでした。というのも、①県が実施した「不正規流通米取り締まり臨時検問所」（以下、検問所）への450万円の村費支出と、②過剰作付け者の減反非協力分を村全体で処理する「互助方式」によるカントリーエレベーター公社への村の補助金2億7226万1000円につき、いずれも違法な支出であるとして、宮田正馗個人に対し、その支出額を村に返還せよとする内容の住民訴訟が秋田地裁に提訴されたからです。1986（昭和61）年4月28日のことでした。なお、同年10月14日には、佐々木喜久治知事にも検問所関連の支出3817万8004円の損害賠償が提訴されました。この二つの訴訟は、内容が同一で関連していることから、原告・被告が合意し、1988（昭和63）年12月6日から併合して審理されることになります。

まず、第一審判決が1991（平成3）年3月22日に秋田地裁であり、「いずれの支出も違憲、違法とはいえない」として原告の主張を棄却しました。そして、控訴審判決（1992（平成4）年2月26日、仙台高裁秋田支部）でも、「県・村の方策は違法とはいえない」として控訴は棄却されました。①互助方式は、村議会の承認を得ており、一審判決は妥当、②互助方式は、全面水田認知への第一段階で、減反政策の緩和を目指したもの、という村の主張は正当、③検問については、臨検ではなく行政指導で違法性は認められないといった被告側の主張が認められたのです。しかし、それでも原告側は納得せず、最高裁に上告をしました。

最高裁（第二小法廷）の判決は、1993（平成5）年12月18日に出ましたが、その内容は、「検問、支出とも違法ではないとした第二審判決に誤りはない」として上告を棄却するというものでした（以上、『大潟村史』に基づく。）。

以上のように、最高裁判決により宮田村長、佐々木知事の勝訴で決着しました。しかし、「勝った」といっても、それまでの裁判費用はすべて個人負担ですので、約1300万円くらいは私が支払いました。私は、勝訴しても原告への私の負担した分の請求裁判は起こしませんでした。仲間からは、寄付金を集めて私を支援する申し出はありましたが、検討の結果、現職であれば公職選挙法に違反するとのことで取り止めたのです。故に全額私が負担しました。

この訴訟は、住民訴訟制度の「4号訴訟」と呼ばれるものでした。「村が損害を被った」という設定で、その損害を誘発したとされる村当局の判断の違法性を問うものですが、２００４（平成16）年に法改正がなされる前は、直接個人を訴えることができる仕組みになっていました。仮に裁判で敗れれば、宮田正馗が個人で2億７０００万円余を損害賠償として支払わなければならなかったのです。私から見ると、仕組みを悪用した「嫌がらせ」としか思えない訴訟でした。

「戦国時代には、勝つためにあらゆる手段を使った」ということは、私も歴史的事実として知っています。しかし、民主主義の今の時代でも同じようなことが繰り返されていることを思うとき、人間の業なのか、又は、本性なのかと考えてみたり、又、そんなはずはないとも思ったり、複雑な心境になります。

天の声、宮田村長に辞任迫る

上記訴訟の最中であった１９９０（平成2）年2月21日、私は、秋田県農政部長に呼ばれ、部長室に行きました。すると、部長は、「今日は特別に話したいことがあって、来てもらった。作付け問題も解決できないし、もう行き詰まってしまった。そこで、村長が辞表を出して辞める考えはないか？」と言ったのです。

私は、「その話は誰が言っているのですか？」と聞きました。部長は「上の方からだ」と言いました。

私は体から力が抜けていくような感じでした。そして、「やっぱり来たか！」という感じもしました。私自身、いくら努力しても成果は上がらないし、自分なりに責任を感じてもいたからです。急に言われて、頭の中がぐるぐる回り、整理するのに苦労してしまいましたが、しばらくして、私の考え方を申し上げました。

「私自身、責任を感じてきたことでもあるので、上の方からも辞めた方がよいというのであれば辞めます。しかし、責任の内容と整合性を世間に分かりやすく伝えなければならないと思います。私から言わせてもらえば、村長としての指導は不充分であったことは認めますが、村長は国と県の方針の通りやったことで、村長が勝手に国、県に反対のことをやったのではないのです。ましてや、村長は道徳的な立場の指導よりできないのに比し、国は入植者との契約の当事者であります。土地の買戻し権まで有する、強力な権力と指導力があるのです。こうした実態を考えれば、村長は辞表を出し責任をとりますので、農林大臣も知事も何らかの責任をとり、分かりやすく世間に公開すべきものと思います。このことを上の方に伝えて下さい。」

部長は「上の方に伝えます」と言いました。私は「上の方とは誰ですか」と聞きたい気持ちもありましたが、やめました。

その1週間ほど後にその部長から電話があり、「先日のあの件はなかったことにして下さい」とのことでした。その後、国や県、事業団でも、それに類する話は一言もありませんでした。

しばらくは仕事に追われ、この件のことは忘れていましたが、数年後から、時々思い出すようになりました。よく考えると、重大な意味を持つことだったということです。「もしかすると、『トカゲのシッポ切り』だったのではないか?」と思うようになってきました。

当時は、大潟村はもちろんですが、秋田県も、国も、国民から「なぜ早く問題解決できないのか」と批判されていたのです。しかし、決め手を欠き、行き詰まっていました。その時点で出た案が、村長辞表提出の案だったと思われます。

もし仮に私だけが催促されるまま責任をとった形で辞任すれば、その後の歴史は、「宮田村長のやり方が悪かったから混乱した」というストーリーになったかもしれません。私が「大潟村長、秋田県知事、農林大臣の三者が一緒に責任をとりましょう」と言ったからこそ、後日、その話はなかったことになったのです。

行政組織の中でも、立場の弱い者が責任を負わされたニュースは時々あります。私は、その一歩手前までのギリギリの体験をしたわけです。

なお、関連して付言しておくべきことがあります。それは、辞表提出を迫られた日から約半月後、15haの水田取扱いを認める公文書が大潟村長に交付されたという事実です。

その6年も前から要望を続けてきたにもかかわらず実現できずにきたものが、村長辞表提出の案がなくなってから約半月後に実現したというのはどういうことなのか。両者の関連性は定かではありませんが、もしかすると、関連するのかもしれません。

いずれにしても、入植者全員が望んでいた、15ha水田取扱いが実現したことは、大潟村にとって歴史的な出来事であり、皆で喜びあったのでした。

配分面積（15ha）全面水田認知、実現！

15haの農地全部が水田であることを国に認めてもらうことこそが、最も基本的な入植者の要望だったのです。それを順法の上に実現しようと運動してきたのですが、私の心情からすれば、まさに「ナメクジが這うような運動」でした。

年毎に過剰作付け者が増加していくし、村が崩壊するような危機的な状況の中で、私は、毎年あちこちを走り回りました。総理大臣を始め、農林大臣はもとより、国会議員、自民党総合農政調査会長・丹波兵助氏、秋田県知事、県内政治家の力も借りました。農協中央会も含め、あらゆる関係を生かす形でお願いし、協力を頼みました。厳しい意見も浴びせられました。「全国の農家は毎年水田が少なくなっているのに、国に反対している大潟村に水田を増やすことなどできるはずがないでしょう」。あちこちから言われたものです。それでも私としては頼むよりないのです。

ようやく1985（昭和60年）に、国は10haまで認めました。しかし、過剰に走った人々の勢いには、焼石に水でした。今度は小出しでは効果がないことを国に説明し、一気に15haまでをお願いして回りました。

1986（昭和61）年には村長と知事が告発され、本格的な争いとなりました。1987（昭和62）年に国は12・5haまで認めましたが、過剰作付け者は全く無視です。生産調整に協力する人は50％台まで落ちてきました。

そこで、村は、年明けとともに、最終決着をつけるべく、村、村議会、村農協、村営農集団連絡協議会の四者の連名で、秋田県と県農協中央会に対し、「県平均並み転作率の実現」とそれを通じた真の「15ha全面水田認知」を求めました。これをバックアップすべく、村営農集団連絡協議会は、署名活動を行い、１９９０（平成２）年2月6日には、「生産調整に協力している全国の農家の輪に加わるので、15ha水田認知と県平均並みの転作率を実現して欲しい」と、県農協中央会に要望しました。県農協中央会は、要望を受け入れ、2月27日にこれを支援することを決め、翌28日には、全国農協中央会も支援を決定し、農水省に要望書を提出してくれました。

私は、村崩壊の接近を感じながらも、農水省の窓口に通うよりありませんでした。ある日、担当官と例により、村の行き詰まってきている状況を話しているとき、「村長、私たちに何か材料を与えてもらえれば、我々も……」という意味のことを言われました。私は「もしかしてこれは私に投げかけたサインではないか」と思いました。「そうですね。私も村に帰ってすぐ相談して、何か案を持って来ます」と言って帰りました。

早速、考え抜いて案を作りました。その内容は、今まで生産調整を進めるため15人～30人くらいで集団を作り取り組んできましたが、そのグループを最大限努力して、もう一つ増やすというものです。20人を確保する案です。

この人集めは私一人でやりました。なぜなら、これまで役場職員はもとより、知人、友人あらゆる人にお願いしてやってきたその後の話だからです。もはや他へは頼めません。全く一人で夜昼構わず回り、電話を掛けて頼み込みました。最近になって協力しなくなった人を中心に「1年間でもよいから」と頼む。「これも全面水田取扱いの役に立つから頼む」と言って。

そして、17人の名簿を本省担当官に出しました。担当官は「ご苦労様でした」と言いました。私は「くれぐれもよろしくお願いします」と言って帰りました。しかし私には自信はありませんでした。一つには、まず17人の人が約束を守ってくれるか？　もう一つは、仮に17人が守っても全面水田認知してくれるか？　自信はなかったのです。しかし最後までやるしかないという気持ちでした。

そして春の作業が始まり、田植えが終わり、7月頃、国の担当者から電話がありました。「『新しい集団に脱落者がいる』と村長の反対派から情報が来ているがどうなっているか？」と言うのです。私は「まだ確認は終わっていない。数人はいるかもしれないが、古い集団からも少しは離脱者がある状況です。もう少し見守って欲しい」とお願いしました。全面水田認知運動は全入植者が希望していることなのに、二分している村の中では「実現すれば村長派の手柄になる」とそれを阻止する力が働くものです。こういうことはいつもあることなので私たちは「またか」と思う程度になっていました。

ふり返れば「稲と畑作物の作付けは、当分の間おおむね同程度とする」という国と入植者の契約書を変更して、全面積を水田として認めてもらう運動を全入植者が一致して決議してスタートしましたが、生産調整の協力派は要望活動など話し合いの実現を目指し、非協力派は過剰作付けという実力行使をしながら運動するとして自らの主張を貫いたのです。そのひずみは、大きなものとして現れました。

当時、「過剰作付けし、全面稲作した農家は、国の指導を守っている農家より、年間の売上が５００万円くらいは多い」という話が村内に広まっていました。「いや、１０００万円の差だ」と言う人もいましたが、仮に５００万円としても、この金額は当時の一家族が1年間暮らせるほどの額なのです。

平等・対等を柱に計画された大潟村で、こんな歪んだ実態の中でも継続して生産調整に協力してきた人たちの心情を思うとき、私はただただ頭が下がり、自らの非力をなげき、責任を感じながら日々を過ごしていたのでした。

そうしたある日、1989（平成元）年の暮れ頃、ある農協の知人から私に電話がありました。「農水省が全中に15ha水田認知の件で意見を聞きに来た」と言うのです。「これは朗報だ！」と思いました。本省が動いたのです。「本省が腹を固めたから外部に意見を求めたのだろう」と考え、その後、すぐ農協関係者と協議し、全中への働きかけをしました。

他の機関からも同じ情報が入り期待をして待っていました。

そして、ついに、1990（平成2）年3月15日付で、「全面水田認知」の文書を秋田県より受け取りました。手が震えました。県庁の部長室から下まで階段で下りてくる途中、ポケットの中の書類を強く握り締めました。車に乗り、村に急ぎました。村内では仲間が待っているのです。

30～40人はいたと思いますが、定かではありません。文書を見せて挨拶をしたのですが、声が詰まり、目がかすみ、言葉が途切れて、涙をこらえるのに必死でした。「長かった……。多くの皆さんの世話になった。皆さん、共に感謝しましょう」と言うのが精一杯でした。

それでも生産調整への非協力姿勢は変わらず

しかし、過剰派の姿勢は変わりませんでした。私は期待していました。「全面認知さえできれば生産調整に協力する」として、以前に農事調停を200名が申し出ていたからです。私に対しても、「全面認知しないから実力行使するのだし、認められれば協力する」と、多くの人が堂々と公言していました。ですから、全面認知されたことで生産調整に協力する人が多くなるだろうと考えていたのです。

しかし、その後も状況は全く変わりませんでした。想像以上の重症で根深い問題になっていることを認識せざるを得ませんでした。農事調停が、純粋な農家を過剰作付けに誘導する手段としていかに大きな役割を果たしたか、それをまざまざと見せつけられた気がしました。全国的に著名な有力弁護士団を味方にし、いかにも大丈夫そうに見せて条件闘争してきた、この戦略こそ、罪深いものであったと思います。

それはともかく、15ha全面認知によって、それまで大潟村が抱えていた最大の問題が解決できたわけです。これでようやく、「村づくり」に本腰を入れることができることになりました。大潟村は、もめごとばかりで、ダーティなイメージで来てしまいました。しかし、これからの農業のことを考えると、やっぱり消費者との関係が大事になるわけです。そこで、「今後は、明るいイメージで展開しよう」というふうに思い、村づくりに本格的に取り組んでいきました。世間からも来てもらえるよう、そして、大潟村のよさを目で見て分かってもらえるよう、いろんなことをやったつもりです。

しかし、それ以前に全く村づくりをしていなかったわけではありません。そこで、章を改め、まずは1990（平成2）年以前の村づくりについて述べていきたいと思います。

閑話休題②：まな板の上の鯉

「村を二分して喧嘩ばかりしていないで、仲良くやればいいのに!!」と言われたことが多くありました。

しかし、私だって妙案があればやりたいが、どう考えても無理なのです。なぜなら、国の重要な農業政策に対する考え方が、真っ向から対立しているからです。政策が同じでも派閥で争っている、ほかの自治体でよくある例とは訳が違うのです。

大潟村の場合は妥協すべきでないと思いました。結果の評価は歴史に任せるよりないと私は強く思っていました。自分の中で強く意識するようになったことがあります。それは「まな板の上の鯉」になることです。「煮て喰おうと、焼いて喰おうと、勝手にどうぞ」ということです。すべては有権者の判断次第だからということです。

私も迷うこともあったのです。夜眠れなくなりました。寝不足が続くと、頭が重くなり、動くのがいやになります。結果はいいはずがありません。いかにして頭の中を整理するかが大切。考えに考えて腹を決める。そうすれば肩が軽くなるのです。いい意味の開き直りでもあるのです。

ましてや大潟村には、社会的使命があるのです。

「自分だけよければよいではなく、より多くの人々と共に頑張るのでなければ、大潟村の発展はない」。

いつの間にか私の口癖になっていました。

第5章　宮田村政の村づくり①
～1990（平成2）年以前

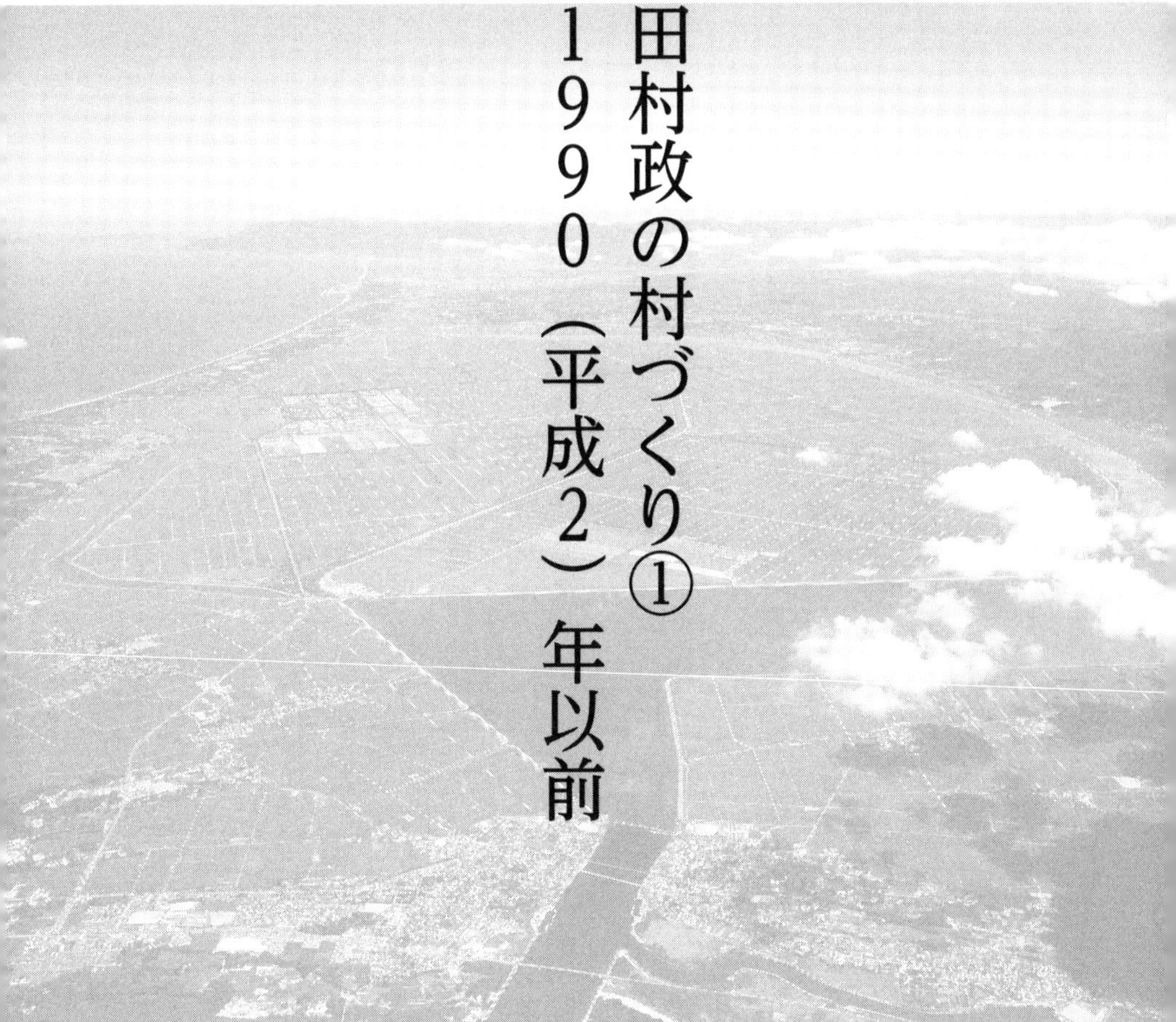

並木の村構想

並木の村構想というのは、私が2回目の選挙（１９８０（昭和55）年）の際に公約に掲げたものです。

それは、ある日、村内の県道を車で走っていて、ふと気がついたことがきっかけでした。「この道路の両側の土地は、全部村の所有なんだ。他市町村はほとんど私有地なのに……」と思ったのです。

そこで、思いついたのが、桜並木でした。八郎潟へ、船越へ、八竜へ、琴丘へ、いずれも10～11㎞。ドライブしながら花見ができると考えると、夢がどんどん膨れ上がります。

そこでまず、桜の専門家に相談しました。しかし、答えは「やめた方がよい」でした。「大潟村はヘドロで排水が悪いから、桜には適していない。桜の名所は、排水のよいところだ。堤防などが名所になっているのはそのせいだ」と言うのです。もうがっかりでした。

しかし、諦めるのも悔しい。長さ10㎞の道路の両側が桜並木の姿を想像したとき、他にない名所になれるはず。何か方法がないか私は現地を歩いて調べました。

そうしたら、道路の両側20ｍくらいの所にかなり大きい排水路があるのです。この排水路がちゃんと管理されれば、それに明渠で結べば堤防の理屈に近くなるはずだと考えたのです。現地で業者との検討を繰り返しました。

そして、明渠方式で大排水路と結ぶことで桜植栽をすることを決断したのです。珍しく、この案には反対者はほとんどいませんでした。

この事業は、村創立20周年記念事業として、１９８４（昭和59）年４月から始めました。村民全員から希望者を募って植樹し、名札もつけました。そして村の人間模様はいろいろ変化はあっても、桜の木は年と共に成長し、毎年、美しい花を咲かせています。「大潟村の桜並木」として、有名になりました。

菜の花もセットで導入したのですが、これについては、連作障害で大変苦労しました。しかし、高齢者の皆さんが研究を重ね、その後克服し、今では桜と菜の花は外せないセットになっています。

しかし、残念なこともあります。明渠に土砂がたまり、浅くなり、排水効果が少なくなっているのです。それが桜の生育にも影響しています。早急に対策を講じなければ、全滅するのではと心配しています。排水こそ命です。

桜並木は初年度に完成しましたが、その後も同事業は１９８８（昭和63）年まで続き、イチョウ並木、梅、柿、栗など、計６６００本が植樹され、約23㎞の並木が完成しました。そして、最近では、追加植栽の桜や紅葉の植栽なども加わりました。

大潟村は、並木の村で「日本一」になれる条件を備えています。植林可能な路線もたくさんあります。知恵の出し方次第で、後世に残せる村の宝物となり得ます。

大潟村と秋田県が共同で日本一の並木の村を創る、新戦略を期待しています。

商店街の再編整備

各年次毎の入植が進み、村民人口が増加してきたのに対応すべく、商店の入植計画が進められていました。1974（昭和49）年5月11日に、総合食品、精肉、鮮魚、日用雑貨、飲食の5店が開業、1975（昭和50）年には、さらに、理容、美容、衣料の3店が加わり、合計8店が開業しました。（ちなみに、商店入植の前には、秋田県経済連が、農協が村に誕生するまでの準備のために事務所と売店を設置していたので、日常の生活物資はそこで調達していました。これがその後の農協のスーパーとなったのです。）

しかし、8店の商店が営業して数年間の内に2回も大雨による冠水の目にあいました。商店の地区の排水路が小さかったためです。それを改善するには、本格的な工事が必要でした。

また、スタート時の商店街は、連棟式の2階建てで、上が住居、下が店で、敷地も狭いものでした。そのため、不満が出て「もっと広くして欲しい」という要望が出ていました。

村長としては、「商店街の再編整備は早く進めなければならない」と考えました。水害については、緊急を要したので、大雨が降っても大丈夫なように設計をしてもらい、工事を完成させました。その後は冠水することはなくなりました。残るは、建物の狭さ等への対応ということになります。「店が狭くて、お客さんに対応できない」として、自分で店を改築したいという人が何人も出てきた状況であったので、急がねばなりませんでした。各自が改築したとしても、狭苦しさという問題の改善は難しく、利用者にも不便になることが目に見えていたのです。

そこで、商店の皆さんの意見も入れて、商店街再開発計画をつくり、協力を求めました。ところが、一人だけ強く反対し続ける人がいました。これには、私も困り果てました。

他の店主からは、「賛成者の分だけでも早くやってくれ」と言われたものの、そのようにしたのでは、村の中心街の配置にも大きな禍根を残すことになります。そこで、その店主（反対者）に対し、何回も頭を下げて、お願いをしたのですが、やはり駄目でした。

状況をどうにか打破できないかと、その店主と親しくしている入植者の人に事情を詳しく説明して、①円満に全員で再開発をしたいこと、②時期は少しくらい延びても合意できるのを待つことをお願いしました。

その人は、誠心誠意頑張って下さいました。それでも1年くらいはかかったと思います。その店主もようやく賛成してくれて、再編整備事業がスタートしたのでした。お世話になった人たちにお礼を申し上げます。それが完成したのは、１９８８（昭和63）年12月19日のことになります。

こうしてできあがったのが、現在の村の商店街なのです。なお、再編整備に合わせて、郵便局と整骨院を新たに加え、合計10店舗ということになりました。その後、業種により、店舗に変化が若干あるようですが、再開発の規模については適切だったと思っています。

産直センター、スタート

1989（平成元）年の正月休み、私は家でテレビを観ていました。「おや、これは面白い」と思い、その番組のメモをとりながら、注意深く観ました。

それは、NHKが全国各地の活動を紹介する番組でした。農家のお母さんたちが会をつくり、自分たちで作った野菜を持ちより、生産者の名前をつけて国道沿いで販売しているのです。今では当たり前でも当時はとても新鮮に映ったのです。私は「これだ！」と思いました。

早速、家内と二人、車で青森県の名川町へ見に行きました。帰ってすぐに、女性の皆さんに呼びかけ、今度はみんなでバスで見に行きました。視察した皆さんの声は「このような事業が我が村でもできればいいなあ！」というものでした。

そこで、その後、議会と協議し、3月議会の新年度予算に特産品センターの建設費を盛り込み、決定をしていただいたのです。そして、新年度に入って着工することとなりました。

これは、全く、テレビを観て、よいと思ったことを真似した事業でしたが、私としては、「生産者にとってもよいし、消費者にとってもよいから、必ず発展するはずだ」と思い、進めました。しかし、当時は批判的な意見もあったのです。「大潟の人はそんなこまかい日銭かせぎはしない」、「野菜を買うためにわざわざ大潟村に来る人はいない」、「農協もやらないのに、なぜ村がやるのか」等々です。

しかし、多くの女性の皆さんは、「これはいいことだと思うので、やってみたい」という意見でした。ただ、「店の経営の責任を負うことまではできない」ということでした。

そこで、「経営の責任は、村の三セクである物産公社が負うので、女性の皆さんには、野菜グループを結成し、いい野菜をたくさん作ってほしい」ということでスタートさせることにしました。

なお、私も、この種の事業は本来農協がやるべきものと考えてはいました。しかし、その農協がやる気がなかったのです。「農協がやらないから誰もやらない」というのでは、その地域は遅れるだけであり、村がやるよりないということでやったのです。

また、お母さん方に最初から全責任を負わせたのでは誰もやりません。したがって最初は行政が応援していくのは当然と考えたのです。

こうして大潟村に秋田県で第1号となる常設の本格的産直野菜センターが誕生したのでした。それは、1989(平成元)年10月1日のことです。

女性の皆さんは、「ポルダー野菜グループ」という団体を結成し、会則やルールを決め、積極的に取り組みました。その成果はめざましく、売り上げは急上昇し、3年後に1億円を突破しました。ちなみに、このグループは、県内産直活動のさきがけとして、秋田県農業賞の優秀賞や農水省の農産園芸局長賞などを受賞しています。

実は、産直センターのオープンと同じ年（1989（平成元）年）に、大潟村観光物産振興公社も設立しました。「これからの農家は生産していればよいのではなく、自ら売る努力をしなければならない。そのためには、積極的に売る活動をしながら人々の交流を通じて、大潟村のよさを知ってもらう必要がある」というのが、その設立理由です。

この公社の活動に新しい女性グループの強力な活動が加わったことで、大潟村の特産品と野菜販売は、大きく伸びていきました。売上げが急伸し、店が狭くなり、現在の「産直センター潟の店」は、改築して3軒目の建物です。

なお、実は、当時、「道の駅」にもしたかったのですが、国道沿いでなければ指定されないことになっていました。私は、「『道の駅』という名前が無理でも、内容が同じであれば、お客さんは来てくれるだろう」と考え、24時間休憩所、公衆トイレなど、他の道の駅と同じ設備のものを全額村費で建設しました。

ただし、その後、県道沿いでも「道の駅」の指定を受けられることになり、2008（平成20）年6月1日に、大潟村もその指定を受けました。

最近、産直活動も激戦の時代ですが、「産直センター潟の店　道の駅おおがた」の売り上げは、今でも秋田県内トップクラスの成績になっています。

大潟村に温泉が出た!!

1991（平成3）年2月にオープンした「ポルダー潟の湯」も、1990（平成2）年以前から取り組んだものの一つです。

その最初のきっかけは、秋田大学鉱山学部の教授から「潟の中は温泉が出る。石油資源の会社が石油を掘った際に湯が出てきた。石油が出なかったから止めたのだ。必ず出る」と再三聞かされていたことにあります。

そこで、1986（昭和61）年頃だと思いますが、私は、与党側議員の勉強会で温泉ボーリングの話を持ち出し、相談しました。「作付け問題は年々こじれてくるし、村には暗い空気が漂うし、もし成功すれば、村民みんなが喜ぶだろうし……」と言いましたが、「そんなことを言っても、出なければなんとする。そこまでやる必要がない」という雰囲気で、皆さん、あまり関心を示してくれませんでした。

与党側でさえこうであればと、それ以降、私は温泉の話を出さないでいました。しかし、話が進まない間も、私は悶々と考えていました。

私には時々思い出すことがありました。実は、妻・洋子の実父・近藤為一郎は、隣の山本町の町長をしていました。その山本町では、石油資源開発㈱が石油を掘るためにボーリングしたら、お湯が出た。そこで、森岳温泉として発展していたのですが、湯が不足してきた。そこで、義父が町長として通算3期目のときに、町費で新たにボーリングを行うことを提案したのです。しかし、野党は当然のように反対するし、与党も「出なければ大変」と賛成しませんでした。そこで町長は、「自分が責任をとる」と言って話をまとめ、実行したのでした。それが見事的中し、お湯が大量に出たことで、温泉はさらに発展することになりました。温泉付分譲地まで販売し、住宅地としても発展したのでした。

洋子の実家へ行くと、義父から時々この話を自慢げに聞かされたものです。「やっぱり、『責任を誰がとるかが重要だ』と教えているのだ」と思ったものです。

考えてみれば、自分は今、義父と同じ場面にいるわけです。その中で、どうすべきかを考えていくうちに、だんだん自分の気持ちが整理されてきました。

最初に温泉の話をしてから、早1年も過ぎた頃でしたが、私は勉強会で再び温泉の話を出しました。「暗いニュースばかりで皆が沈んでいるが、大潟村はこの先何十年も続くのだから、将来まで考えて、温泉があった方がよいかどうかも含めて考えてみてはどうか」と呼びかけました。そして、「出ないこともあるが、もし出ないときは私が責任をとる」と言いました。

しばらくの沈黙の後、佐々木議長が「じゃあ、やるか」と言いました。すると、皆、「そうだなあ」となって、本格的な検討に入ったのでした。

実際、ボーリングを行ったところ、これが成功、大喜びとなりました。1989（平成元）年6月30日のことです。地下1000mから、約40℃で毎分70ℓのお湯が出たのです。村民もみんなびっくりでした。「潟の中から湯が出た!!」と、私自身も驚きました。隣村から入植した者でも全く想像していなかったことだったのです。

どんな温泉にするか、早速、数カ所視察し、勉強しました。最終的に、山形県遊佐町の「あぽん西浜」を参考にして施設を建設しました。

なお、誤解が生じないように説明を加えますが、大潟村が温泉掘削を決定した時期には、まだ「ふるさと創生1億円」(国から各自治体に1億円ずつ交付するもの)の話はありませんでした。ボーリングが成功して、会社に支払う頃になってから、国から1億円が来ることになったのです。そこで、その後の温泉建設に1億円を充てたわけですが、初めからそれを当て込んで取り組んだわけではないのです。そこが、ふるさと創生1億円を使って温泉掘削を試みた他市町村とは違っている点です。

「ポルダー潟の湯」は、1991(平成3)年2月8日にオープンしました。当時まだサウナ風呂が珍しい時代で、能代市にある施設では、午前10時にオープンしてサウナだけで1人1300円の料金でした。そんな状況の中で潟の湯は、朝6時オープンでサウナも風呂温浴も各種ありで1人300円の料金としたのです。とにかく大繁盛。「芋を洗うようだ」と言われたくらいの混雑の連続で、たちまち有名になりました。

オープン以来、1994(平成6)年までの4年間の1日平均入館者は、1125人を記録しました。画期的な出来事でした。

ポルダー潟の湯の成功は、たちまち周辺町村にも大きな影響を与えました。若美町の吉田町長が「是非やりたい。方法を全部教えてくれ」と言ってきましたので、それに応じました。そして、八竜町の佐藤町長や、金浦町の佐々木町長等も「やりたい」と言うので、同じくすべてを伝えました。

最終的に温泉が出なかったところも数カ所あるものの、この周辺の市町村では、ほとんどボーリングをしました。天王町では、町長選挙の候補者3人全員が温泉を掘ることを公約に掲げました。その結果、当選した町長が今の「天王温泉くらら」を建設したのです。それほど強い住民要望があったということです。

このように、大潟村が自治体温泉のさきがけとなったのでした。しかし、あまり多くなってきたので、民間業者団体から、自治体の公共温泉などに反対運動が起こりました。私は反論しました。「自治体は住民要望に応えてやっている。民間よりはるかに安い料金で、憩いの場所を与えている。健康によく、住民の医療費の削減も期待できるし、何よりも住民利用率は、他の公共施設よりもはるかに高い。住民（納税者）に喜ばれ、歓迎されているのだ」と。多くの自治体が当たり前に建設している野球場、体育館、プール等の場合、投資額と利用者数、利用料金のバランスは全くとれていません。採算とは程遠いのです。それでもやっているのです。これらと比較した場合、公共温泉の総合的な効果は、比較にならないほど大きいものがあると言えるのです。

その後、1994（平成6）年には、2本目の温泉ボーリングを実施することになりました。大潟村ではかねてから秋田県に対し「大潟村に秋田県青少年スポーツ合宿施設を造って欲しい」旨の要望を続けてきていましたが、その見通しがついたからです。「新しくできる宿泊所にも温泉が欲しい」と考えたのです。

1本目の井戸はあまりに入館者も多く、温泉量も不足ぎみであったし、「もっと湯量の多く出るところはないか」と、期待を込めて場所の検討をしました。大潟村の1本目より若美の湯量は少なく、八竜はそれよりも少ないという結果を踏まえると、北へ行くほど少ないと予想されました。そこで、できるだけ南の方に2本目をと考え、専門家に相談した結果、「それがよいと思う」ということでした。南下するほど、砂の粒が大きく、多くの湯量が予想されるとのことでした。

実際、掘削したところ、1本目の約2倍くらいの湯量が出ました。その上、温泉の色も1本目より濃いものだったのです。大成功でした。

そこで村では、1本目と2本目をタンクで合流させて、温泉と宿泊所に送湯する方式としました。結果、温泉も湯の量が多くなり、色も濃くなったのでした。それが現在まで続いているのです。

実は、この後、専門家がさらに調査した結果、全国でも数カ所よりない珍しい泉質だということが判明しました。日本ではほとんどが鉱物質の温泉なのですが、大潟村の温泉は500万年前の植物性の成分を含んだものなので、「モール温泉」の部類とされるのだそうです。人肌にやさしい成分を多く含むのが、その特徴です。大潟村の温泉は、日本でもトップクラスの濃い赤茶色を誇る温泉として認められているので、その効能は大きいものと思います。オープン当時から「肌がすべすべする、美人の湯」と専門家から認められてはいたのですが、それがモール温泉だからだとは気づいていませんでした。

今となっては、この温泉は、村民はもとより、周辺地域住民にとっても、なくてはならないものとなっていると思います。大いに活用しながら、健康で楽しく過ごしたいものです。

閑話休題③：政治家の決断と責任～金融機関の店舗開設を例に

政治家たる者は、それが将来のために必要なこと、正しいことであると思ったならば、仮に反対意見があったとしても、自らの責任で決断しなければなりません。批判されるのはもちろんのこと、時には裏切り者扱いされてしまうことすらあります。しかし、それを覚悟の上で決断しなければならないときがあるのです。少なくとも私は、大潟村村長を務めさせていただいた22年間、そのことを肝に銘じ続けてきました。

たとえば、あるとき、村の金融機関の店舗開設をめぐる問題にぶつかったことがあります。それまで、村の金融機関は、農協のみでした。特段不便だという声が大きくなったわけではなかったのですが、私が村長になってからしばらくして、村外の金融機関から、「村内に営業所を設置したいので土地を売って欲しい」との申し込みが来るようになりました。信用組合、秋田相互銀行などです。年々その要望は強くなっていきました。

私は組合長OBでもあるので、農協でも間に合うのではとも考えていました。しかし、あるとき、専門家の話を聞く機会があり、考えを改めることになりました。金融機関の店舗があることは、単に現金の出し入れや、資金の貸し付けのみの問題ではないというのです。むしろ、経済の情報がその地域に最も早く届く場所として、金融機関の店舗が必要なのだということでした。私はその話を聞いて、納得せざるを得ませんでした。

そこで私は、情報の地域伝達を重視するならば、県内で一番大きい銀行に来てもらう方がよいと考え、秋田銀行に申し出ました。

実は、当初は、「検討もしていない」と断られたのですが、その後、何度もお願いをし、再検討を粘り強くお願いした結果、ようやく村に店舗開設となったのでした。

農協の役員からは「元組合長は農協を裏切った」などの声もありました。しかし、今から考えても、やはりあの判断はよい選択であり、元・農協組合長という立場ではなく、より幅広い視野で決断できたことは村のためにもよかったと考えています。

第6章　宮田村政の村づくり②
～1990（平成2）年以降

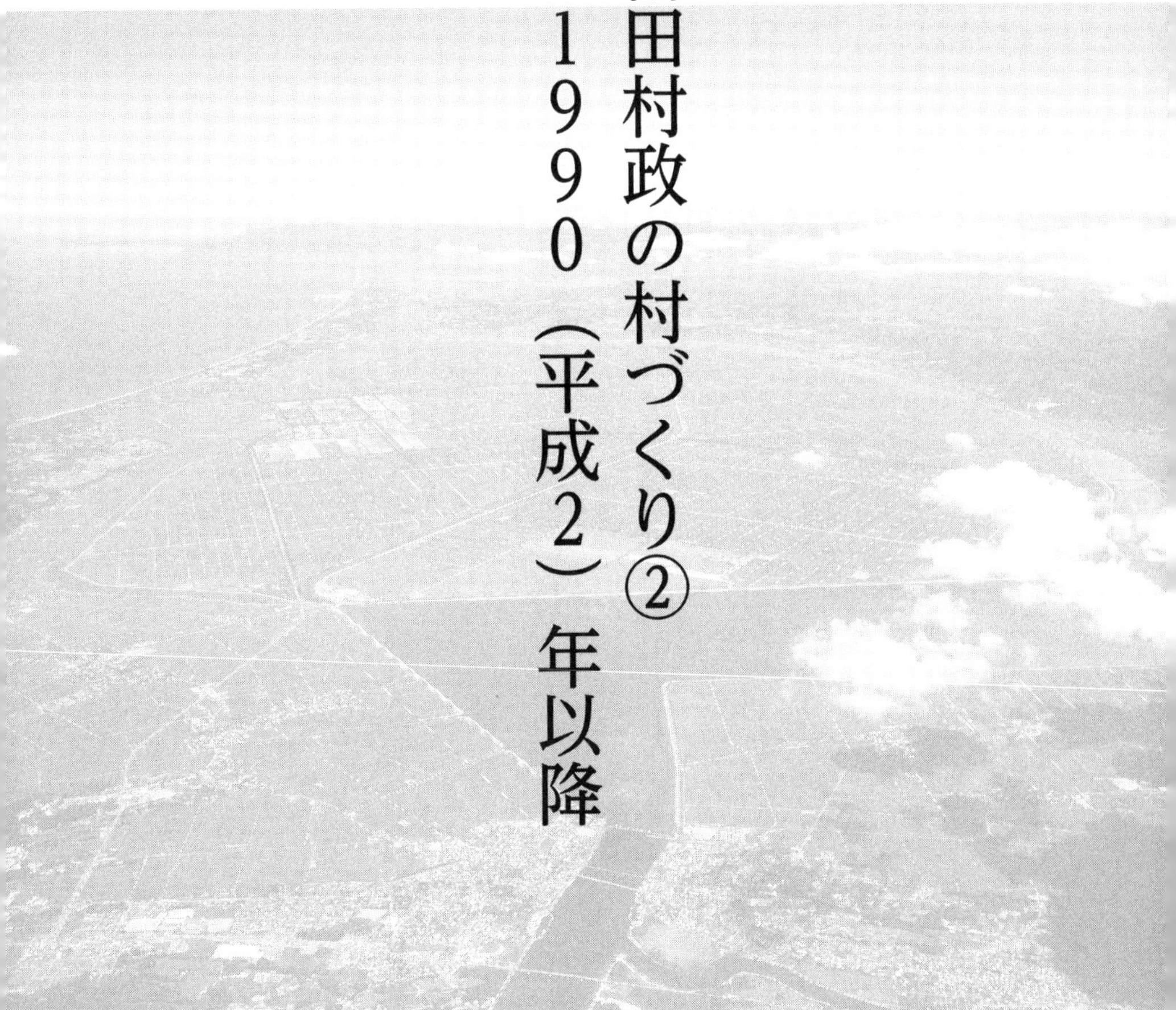

ルーレック構想

第4章で、1990（平成2）年の全面水田認知の実現により、ようやく村づくりに本腰を入れられるようになったと書きました。そこで、本章では、いよいよ本格化していった村づくりについて述べていきたいと思います。まずは、「ルーレック構想」の話から始めましょう。

「ルーレック（RULEC）」とは、RURAL（ルーラル：田園の）と、RECREATION（レクリエーション）からなる合成語です。広大な田園風景の広がる大潟村に多くの人々が集い、農業やスポーツなどでの体験を通じて、ふれあいの輪を広めるような施策の展開を「ルーレック構想」と名づけたわけです。

この構想は、1991（平成3）年12月に策定された大潟村総合発展計画の中で提示されたものです。いわば大潟村の諸施策を展開する上での基本理念のようなものであり、以下で取り上げるもののうちのいくつかは、この構想の具体化とでもいうべきものになります。その典型的な施策とでも位置づけるべきものが、次に見るソーラーカー大会になります。

ソーラーカー大会

ちょうど「ルーレック構想」を中心理念とする大潟村総合発展計画を策定中の時期（1991（平成3）年頃）だったと思います。「村長に会いたい」という人が来ました。初対面の人でした。山本久博さん。美容師さんで店を複数営業しているとのことでした。

用件を聞くと、「ソーラーカーの大会をやりませんか？」と言うのです。私はどんなものか分からず、まずいろいろ聞きました。

山本さんは、明るく爽やかで、極めて前向きな口調で、太陽光のこと、環境のこと、次の時代のエネルギーのことなどを情熱的に語ってくれました。そのさきがけになるのがソーラーカーであり、「将来はガソリンを使わなくとも、車が走れる時代になる」とのことでした。「そのソーラーカーの大会を大潟村でやりませんか？」と言うのです。「明るい話題でよいことではあるが、私なりに考えてみましょう」ということで別れました。

その後、「これは簡単なことでないので、よくよく注意して検討しなければ」と考え、あちこち相談したりしました。そのおかげで、ポイントが整理されてきました。①広い大潟村の道路は適している、②テーマはよい、③村の今後のイメージ展開もよい、④資金が集まるか、⑤道路の使用許可は大丈夫か、⑥大会運営は素人でできるか、⑦大会会長として責任をとれるかといった点がそれです。これらをクリアできるかどうかを、山本さんと率直に繰り返し話し合いました。

私としては、先述の「ルーレック構想」もすでに頭にありましたし、「都市と農村の交流によって、暗いイメージの大潟村を明るい方向に向けて活性化させよう」と考えていた頃でしたので、本気で検討に入りました。

最大の課題は「資金が集まるか？　そのための組織をどうするか」という点でした。まず秋田県と大学に入ってもらうことから始めました。「とにかく大会を開催する」という方向で動きました。私は主に県庁、山本さんは秋田大学鉱山学部系を担当しました。

佐々木知事は、当初はあまり関心を示しませんでしたが、準備状況が進むにつれて興味を示してきました。そこで、山本さんと二人で、佐々木知事に大会会長をお願いしました。ところが、「それはできない」と断られてしまいました。そして「村長、あなたがやればよい」と言いますので、「大潟村の村長では荷が重い」と話しました。しかし、考えてみれば、他にやる人はいないのが実情でした。私も腹をくくって、「じゃ、私が引き受けますから、県からの協力もお願いします」と申し上げたのです。知事には名誉会長になっていただきました。

大学の方は、山本さんの働きで、秋田大学の能登文敏先生がキャップとなる形で、先生方のグループが結成されました。秋田青年会議所も参加してくれました。

名誉会長＝知事、大会会長＝大潟村長、大会副会長＝能登・秋田大学名誉教授、大会実行委員長＝山本氏という形が整いました。

これで次は、スポンサー探しです。関係者すべてに、広範囲に声掛けすることをお願いしました。同和鉱業㈱、㈱秋田銀行、日本ＩＢＭ㈱、アキタ通商㈱等々、結果的には多方面からたくさんの協賛金をいただくことができました。とにかく珍しいこと、初めてのこと、見たことがないことであり、皆さん、「どんなものか」と興味津々です。主催している我々関係者も、初めて知ることが多く、ドキドキしながら、準備に追われました。見たこともないイベントの実現を目指して手探りで取り組んだわけですが、それでも皆さん、生き生きと動いていました。

ところが、途中まで準備が進んでいた矢先、大問題が発生しました。村内の公道の使用許可が出せないというのです。ソーラーカーは車検証の無い車なので、許可無しでは公道を走れないが、もしそれを許可して事故があれば、許可した警察が責任を問われることになってしまうからです。県庁からも頼み、私自身も五城目署にお願いしたのですが、「無理だ」と言います。国内でも公道使用で小さな催しをやった例があると聞いていたので、大丈夫と思っていたのですが、重大な問題になりました。

かなり準備も進んできている中、私は、五城目署に最後の頼みをしました。「今年1年だけの許可でよいから」と言いました。そうしたら「そう言ってまた来年来るでしょう」と言うので、「いや本当に今年だけでよいのです。約束します。もし成功して来年もやりたいときは、村内に専用コースを作ります。案はあります」と言って、案を説明しました。すると、「本当に今年限りですね」と念を押された上で、上の方に伝える旨の回答をいただくことができました。そして、後日、正式に許可をもらうことができたのです。

いよいよ開催当日の朝を迎えました。1993（平成5）年8月1日のことです。朝は曇りでした。会場は、大潟村の北地区の広場（現在の野球場の辺りが本部）です。早朝から人が集まりだし、開会式前にすでに人だかりで付近一帯が大混雑。会場には、もの珍しいソーラーカーが並んでいます。そこにはレースクイーンが二人いて、さらに盛り上げます。ちょうど、その頃から雨が降り始めました。

いよいよ開会式が始まりました。私は悲しい気持ちになっていました。「せっかくここまで準備してきたのに、なぜ雨が降らなければならないのか。神様はいないのか」という気持ちでした。私は主催者挨拶をしながら、顔に大粒の雨と風が当たり、泣いているのか、濡れているのか分からない状況で挨拶を終えました。知事の挨拶のときも同じく雨。ワイシャツが体にペタッとくっ付く雨風の中での知事の姿を見て、私は申し訳ない気持ちでした。

太陽の光がなければ走れない、このイベントに大粒の雨です。開会式を終えて、山本さんと相談しました。レースをスタートさせるか、明日に延期するか、中止するかです。

協議の結果、各車バッテリーに充電してあり、その分は走行可能であるためスタートはできるということなので、スタートさせることにしました。そうしたら、スタートまでの間にだんだん雲がなくなり、お日様が出てきたのです。みんな声を上げて喜びました。拍手した人もいました。私は、どの神様がどうなっているか分かりませんが、とにかくほっとしたし、急に体にエネルギーが充電されていくように感じました。

この「ワールド・ソーラーカー・ラリー・イン・オオガタ」は、計3日間行われ、大成功に終わることができました。観客数はのべ15万1000人と報道されました。

「暗いイメージの大潟村から、明るく楽しい大潟村へ」。大潟村の新しいスローガンがいま力強くスタートしたように感じました。

成功の喜びも束の間、早速、来年度の開催の具体化の検討です。初回としては大成功だし、「さらに工夫すれば、もっと発展できる可能性のあるイベント」という大方の意見のもとに次の課題を整理し、解決しなければなりません。主なものは、専用コース造成の件です。早急に結論を出さなければ間に合いません。

議会側からは了解の見通しを得ました。ところが、国からストップが掛かったのです。「専用コース」の案は、「南部機場から北部機場までの大排水路南側の未利用地の一部を使用し、ソーラーカーを走らせる舗装された約12㎞の道路をつくる」というものでした。

村が国に提出した案の理由主旨は、「これからの農業はただ生産すればよいのではない。消費者に喜んで買ってもらうまでのことを考えて、総合的な視点から農業振興対策を考えるべきと思う。太陽光で車を走らせる次の時代への架け橋になると共に、同じ太陽光で育った大潟村の農産物に関心を持ってもらうため、極めて有効な方法の一つであり、今後の大潟村農業の発展に寄与するものと考えます」というものでした。

しかし、回答は、「目的外使用に当たる」ということでした。そして、「これまでそのような理由で許可した例はない」ということでした。要するに、「農業振興の範囲は、直接生産活動に係わるものに限る」という見解です。

「万事休すか」とも思いましたが、これからが大運動でした。私からすれば、「時代が変化してきているのに、いつまで昔の解釈で固辞するのか」という疑問を持っていたので、本省の幹部職員や政治家の先生の力も借りて、再々走り回りました。そしたら当時農水省の内部でも、別の部署で、私のような主張があって議論がされていたことが判明したのです。

結局、省内で再検討していただいた結果、上部の判断で許可をするという結論になったのでした。後で聞いた話ですが、新解釈の第1号が、大潟村のこの専用コースの許可だったそうです。

次の検討テーマは、来年の大会内容と主催者の件です。前年と比較して、国内はもとより、海外にまで参加希望が広がっていることを踏まえる必要があったのです。つまり、国際的な大会になること、国内でも参加者が大幅に増加することが予想されたわけです。これらを踏まえて、主催者側の組み立てを考えなければなりませんでした。

そこで、私と山本さんと佐々木知事とで相談をしました。山本さんから国内・海外の参加申込み状況を説明してもらい、私から「これからは国際大会を秋田でやることになるので、やっぱり知事がトップになる方がふさわしいし、今後の成功発展のためにも必要だと思う」と知事にお願いしました。その場では返事をもらえませんでしたが、後日、知事は、実行委員会の会長になることを決断してくれたのでした。

このようにして組織的にも知事がトップになったし、専用コース「ソーラースポーツライン」も、1994（平成6）年4月17日に完成したし、ムードはさらに盛り上がっていきました。同年4月1日には、役場内にソーラー課も設置しました。協賛金も順調に集まり、準備万端です。

そして、1994年（平成6）年7月30日、「'94ワールド・ソーラーカー・ラリー・イン・アキタ」が開催されたのです。

あれから、もう29年にもなりました。その後、ソーラー主流から、バッテリー、水素、ハイブリッドなど、多様な技術が発展し、レースにも反映されるようになりました。次第に省エネルギー化に関心のある各企業は、競争よりも、新技術の探究と技術者の育成の方に力を入れるようになりました。今日では、そうした人材育成の成果が高く評価されています。

大会は、その後、時代の流れに沿い、ボランティア中心の運営という形で引き継がれることになりました。そして、今なおたくましく継続していることに、心から敬意を表したいと思います。関係者の皆さんには本当に頭が下がります。ありがとうございます。

文化人入植

入植以来、大潟村社会を体験してみて、強く感じたことがありました。それは全くの単一社会だということです。589戸が農業専業の人で、さらにほとんどが米に頼って生きているのです。どうしても米だけに関心が集中するようになります。その米の問題で、村は二分しています。「こんな状況でよいのか」と考えました。

入植前にいた村では、本家あり分家あり、親戚、学校の先生や職業も多様だし、いろいろありました。ここは本家、分家、親戚もなく、皆、対等・平等、単一社会で二分している実態を思うとき、特に子供たちにとって、「果たしてよい環境なのか?」と考えました。


我々は農業者として入植しました。そこで、今後は文化人の入植があってもよいのではと考えたのです。子供の頃から、近くにいろいろな人々がいることを知っておくことがよいのではと考えたのでした。

そんな考えを整理して要項をつくり、公募して、1994(平成6)年には、文化人入植を始めました。「文化人」と言っていますが、正式には「大潟村情報発信者」と言います。①土地700㎡を無料貸付すること、②2年以内に自分で住宅建設をすること、③7年経過後に土地を無料譲渡すること、④60歳未満は情報発信に対して月10万円の報償金を3年間助成することなどが、その内容です。審査委員会を設置し、秋田大学の名誉教授の能登文敏先生に審査委員長をお願いする形でスタートしました。

賛否両論はあったものの、事業は継続しており、２００８（平成20）年には10人の文化人入植となっています。村民は、集会に大潟村情報発信者を講師の先生として呼んで話を聞いたりしています。また、発信者の先生方は、地域活性化の提言をしたり、個人の専門分野での地域活動で成果を上げたり、村民の趣味の会に入会し、活動したりされています。このように、村民と大潟村情報発信者の交流は盛んで、一体感が出てきており、特に数年前から、情報発信者の先生方数人が、干拓で残った八郎湖の水質改善こそ急務として、村内外にこの運動を呼びかけたのです。このことは、私も含めてこれまでの行政が先送りしてきた課題なのです。それ故私は、会長の松岡正樹先生の情熱と行動力には頭が下がります。この運動が大潟村はもとより、周辺市町にも広まり、行政にも働きかけ、目に見える活動が展開されています。今後に期待しています。入植者だけではできないことを、文化人入植者がリードしてくれている現在のこの姿こそ、当初からの期待であり、ありがたく感謝しています。

青少年宿泊研修所からホテルに!!

先に触れたように、温泉が想像以上に大繁盛する中、宿泊施設の建設を考えるようになりました。

実は、数年前に私としては大きな発見があったのです。南秋田郡の町村長が海外視察でオーストラリアに行ったときシドニーからキャンベラ（首都）までバスで移動しました。砂漠のようなところをバスによる長距離移動だったので、観るものもなく、退屈な疲れる旅でした。忘れた頃にガイドがマイクで「ここから○○市だ」などと言うだけです。街らしいものもあまり見えません。

そこで私は手を上げて質問しました。「昔、町や市の区画を決めるとき、何を基準に線引きしたのですか?」と。ガイドさんの回答は、「学校があることとホテルがあることが条件だった」と言ったのです。私は「なるほど」と納得しました。

そう言えば、私の入植前の郷里の村も、小学校の隣に旅館がありました。学校は極めて当たり前とは思いましたが、泊まる場所が重要なインフラの一つなのだということに納得したのです。

それを大潟村に当てはめるとどうなるか? オーストラリアのバスの走った辺りと似ています。我が村はこれから形をつくるときだし、大きなヒントだと思いました。小さくても自治体です。「人口3000人の村に民間企業の投資は難しい。誰もやらなければ寂しい農家だけの村となる。既存の町村と異なる特殊な村であり、白紙に絵を描かなければならない宿命の村だからこそ、首長として将来に向けて何が必要かを考え、主導して、具現化していくべきではないか」と考えました。温泉の成功も追い風となっていたこともあり、「今こそ積極展開のチャンス」と思いました。

しかし、実際に宿泊施設をつくるといっても、民間企業が来るはずもないし、自分の村だけでも難しい。まず秋田県に要望してみることにしました。しかし、佐々木知事には村の生産調整問題で大変な苦労を掛け続けてきました。さらに大潟村民から、私だけでなく、佐々木知事に対しても、告発がなされ、大変な迷惑を掛けていたのです。そうした中での新しいお願いですから、簡単にいくはずもありません。

私も村づくりの将来像など理由づけを研究し、人脈を辿り、各方面の人たちに協力をお願いし続けました。

そうした甲斐もあり、1年くらい経った頃、知事が保健体育課に検討させてくれることになりました。大きな前進でした。しかし、私としては、先々のことを考えると、観光課の方に移してもらいたかったのです。名前は青少年スポーツ宿泊所でも実質観光客も泊まれるものにするには、保健体育課では限界があるからです。最終的に、少し時間は掛かりましたが、担当課を移してもらうことができました。

その観光課での検討が始まった頃、大潟村に宿泊施設をつくるそうだという話が広まってきました。そうしたら、いろいろな異論が出ました。「田んぼの中に宿泊所をつくってどうなるか?」、「大潟村に秋田県がつくってやる必要はない」等です。

そこで知事は、大潟村と鳥海町と雄勝町の3カ所案としました。その第1号として大潟村の検討が続くことになったのです。

しかし、設計段階になり、大きな壁に突き当たりました。私は8階建てを希望していたのですが、観光課長は「それは無理。大潟村は土地がいっぱいあるので、平屋で横にいくらでも広くできるでしょう。その方がコストも安く、議会の説明もしやすい」とのことで譲らないのです。観光課長では無理と思い、知事に頼み込むことにし、集中的に通いました。

「平坦地の中の8階に展望風呂とレストランをつくることで、圧倒的な視界と贅沢感がある」等、理由を述べました。最終的に知事は、「じゃ、それでいこう」と言ってくれました。「ありがとうございます。すぐ観光課長に報告して帰ります」と言って退席しました。課長には、「今知事からOKをもらいましたので、よろしくお願いします」と伝えただけで、すぐ帰りました。長くそこにいれば、ぶり返されるかもと怖かったのでした。

数カ月後に県庁から電話があり、「商工観光関係の県議会議員の皆さんが大潟村を視察に行くので村長も立ち会うように」とのことでした。公民館の展望台に集まり、観光課長が説明を始めました。「皆さん、あちらをご覧下さい。この展望台から見ると、あのポプラの防災林に遮られてその先が見えません。そこでせっかくの広い大潟村の展望を生かすために、8階の高さがよいということです」と言いました。議員の皆さんから特別の異議もなく、和やかに終わったのです。私は感心しました。「さすがだなあ‼」と。「8階は絶対ダメ、平屋だ」と言った人が見事に説得力ある説明をするという、変化と対応力に行政マンの真骨頂を見ました。感服し、感謝でいっぱいでした。

こうして順調に進んでいたつもりでいたのですが、後半にまた大きなヤマが来ました。県議会議員の中で、「大潟村になぜそんな大きなことをやるのか。反対する」と言う人が出てきたのです。さあ大変。私は決意して、自分で県議会議員全員に一人ひとりお願いして回りました。一人残らず全員に会って、事情説明し、お願いしました。

佐々木知事はさすがに強い人でした。「これまで進めてきた計画を、3カ所全部やります」として押し通したのです。最終的には自民党の県議が一人離党することになりました。すべては、佐々木知事の決断でできたこの大潟村の宿泊施設でした。

最後に、「県の計画に対して村がどんな対応をするか」という問題が残りました。村としてはありがたい県の計画です。これを実行する以上、絶対に成功させなければなりません。そのためにさらに必要なものは何かを考え、村がそれを実施することを前提に検討しました。

一番こだわったのは、ホールの面積です。私は、当時「県内一」と言われた、着席700人の秋田キャッスルホテルの大ホールを超える県内一の1000人収容を目指しました。県の計画分のホールの広さが80名ほどしかないのはやむなしとして、不足するものは村が建てることとし、その代わり大ホールになるので県に天井の高さを高くしてもらうことにして、建物を合築することで県と合意したのです。ロビーも同じ考え方で広くしました。その他の研修施設も村で建設し、隣の温泉ともつなぎ、現在の姿のものとなったのでした。結果は、県の投資額31億円、大潟村の投資額が13億円、合計44億円の一体的な施設が誕生することになったのです。

県議会議員に個別にお願いした際にも、村の追加投資を詳しく説明、他の2カ所とは違う、大潟村の本気度を訴えたのでした。参考までですが、その後建てられた鳥海町の「フォレスタ鳥海」も雄勝町の「秋の宮山荘」も、県庁の投資分だけの施設でスタートしたのでした。

こうして「サンルーラル大潟」は、１９９６（平成８）年4月26日にオープンしました。今になって考えてみると、県と村の合築で中途半端でないある程度の広さを持つ施設にでき上がったことが、その後の営業のためによい効果を生んだように思います。これによって、大潟村の村づくりのインフラの核になる宿泊施設ができたのです。

知事の決断で実現できたのですが、そのバックには、多くの理解ある県議会議員や県民の皆さんがいたからでした。一部に大潟村への強い批判があることは承知しながらも、大潟村の発展に期待し、可能性に掛けて応援してくれたからこそ実現できたのです。私たちはこの恩に報いるためにも、この施設が県民と村民から長く親しまれ評価されるよう、今後も努力していかなければなりません。

【追記】㈱ルーラル大潟は第三セクターと呼ばれる会社です。温泉とホテル、産直センターを、村の指定管理者として経営しています。経営内容を分析するため、２０２０（令和２）年に外部調査会社に発注して累積経済効果の調査を実施しました。その報告書から、概要を簡潔にご報告いたします。

今回は当社3施設（ホテル・温泉・産直センター）の発足当初1990（平成2）年から、2015（平成27）年までの26年間の累計の数字を出して、比較しました。前回調査の反応を見ると、大潟村村民が最も関心を示したのが、大潟村が、㈱ルーラル大潟にどのくらいお金を出し、それに対して、㈱ルーラル大潟がどのくらいお返ししてきたかだったので、これを主テーマに調査しました。調査のまとめは次の通りです。

大潟村と㈱ルーラル大潟は、お互いに協力しながら会社の経営がなされていますが、その中で大潟村が㈱ルーラル大潟に補助や投資をした額は累計で36億6403万円でした。

一方、㈱ルーラル大潟が大潟村に対し納入した税金、利用料、修繕費、固定資産取得等々の金額は累計で37億2596万5779円でした。つまり26年間の累計額では6193万5779円、1年間の平均では、㈱ルーラル大潟が大潟村からの支援額よりも、238万2145円多くのお返しをしてきた結果となりました。このことは他地域の第三セクターの実態と比較した場合、きわめてまれな例と考えられます。それほど大潟村の第三セクターである㈱ルーラル大潟の運営は絶妙なバランスで、すばらしい成果を上げてきたと考えられます。そして、この調査の最終年度2015（平成27）年の会社の決算も7期連続黒字決算となっています。

【注】宮田が村長在任期間中は、㈱ルーラル大潟の社長も兼務。2009（平成21）年から現在まで㈱ルーラル大潟代表取締役会長。

大潟村干拓博物館

私自身の6回目の村長選挙（1996（平成8）年）で当選した直後から、干拓資料館の建設について考えるようになっていました。村の誕生から今日までの足跡をまとめておく時期になってきていると感じたからでした。

八郎潟周辺の全町村に八郎潟の資料館的なものがあり、中には立派な内容のものもありました。しかしながら、日本農業のモデル農村をつくるという旗印のもと、華々しくデビューした大潟村では、想像もしない騒動が起きたり、今までにない新しい考え方や行動が起きてきました。住民1人当たりの所得はほとんど大潟村が秋田県のトップになるなどの流れの中で、大潟人気質が次第に成果を出してきていると思われる現在の姿と、昔の八郎潟とを対比して、展示紹介し、将来につないでいくことは、私たち大潟村入植者として、必要欠くべからざる仕事だと考えたのです。

これにも住民の猛反対はありました。しかし、今までも賛成反対は、作付け問題の後遺症のような様相でしたので、強くは気にしませんでした。私としては「歴史に残すものこそ、我々入植者の手でつくらないで誰がつくるのか」という思いがありました。

そこで、県と国に補助金をお願いしました。国も県も「出せません」と断りました。今まで農業施設では生産調整の未達成ペナルティーとして、補助金対象から除外されてきましたが、それ以外は補助対象になっていたのです。なので、私としては、非常に不満でした。「国がつくった村です。その姿を伝える建物に一銭も出さないなど考えられません。今さら、生産調整を持ち出すなどおかしいでしょう」と繰り返しても、国は「制度的には禁止されていないが、国民、県民の理解が得られない」という理由で、最後までゼロ回答でした。秋田県も同じ回答でした。

私も考えました。そして、「今、補助金がないということでやめたとすれば、おそらく今後もつくれないだろう。そうすれば次第に人々の心から、八郎潟は忘れられるだろう。すでに周辺の資料館は、ほこりをかぶり、訪れる人も少なく、寂しい場所になっている。こうした状況から考えると、この周辺の資料も一箇所に集めて総合的なものとして拠点になる施設が望まれるのではないか。そうあるべきだ。それは入植一世の時代にできなければ、後はないだろう。万難を排してでも、建設しなければ」と考えが固まっていったのです。

こうした考えを村民に伝え、時間をかけて説得していきましたが、反対運動はおさまりませんでした。しかし、賛成の意見もまた強いものがありました。「当然入植者がやるべきだ。国・県も無責任だ。駄目なら我々でやればよい」といった意見です。

そうした両論の中で、議会の過半数の賛成を得て建設することになったのでした。名称でも悩みました。干拓「資料館」は多くありますが、「博物館」はあまり聞かないといいます。どうしてか調べたら、「博物館」の場合、法律で、特別の資格を持った職員が専任で配置されなければならない決まりがあるということでした。そのコストも問題になりましたが、「博物館」と「資料館」の差は将来にわたって大きいだろうと考え、新しく資格者を採用して日本で初めての「干拓博物館」としました。

また、設計にもこだわったつもりです。「村を代表するイメージの建物にしたい」という考えもあり、現在の東京にある最高裁判所を設計した岡田新一先生にお願いしました。先生は、八郎潟のうたせ舟の帆をイメージして下さいました。隣の産直センターは、それにバランスをとったものに仕上げたものです。私はよい提案だったと思っています。

大潟村干拓博物館は、２０００（平成12）年４月29日にオープンしました。周辺町村の資料館の最近の状況をみると、さらにさびれ、物置のようになってきており、寂しい限りです。大潟村干拓博物館の場所に大集合させて、ジオパーク事業と関連させ、再生することも、八郎潟周辺の広域文化の継承と地域の活性化に役立つのでないかと考えています。

閑話休題④：先人の顕彰像の建立

干拓博物館が建設の方向になって、その内容も具体化してきました。その中の一つが先人顕彰です。問題はどんな人をどのように表現するかですが、そこから出てきたのが、3人の像の建立案でした。最終的には小畑知事、和田理事長、嶋貫村長の3人となりましたが、進め方については村民有志で実行委員会をつくり、寄付金を集めて事業を実施することになりました。

小畑知事は何と言っても、生みの親と言われたほどの実績を残したこと、和田理事長は、事業団設置期間13年間のうち約10年も理事長を務められ、農地、施設、集落など、村の基本的な事項の整備に大きな功績があったこと、嶋貫村長については、長い間、村長職務執行者として村役場のトップとして村づくりに尽力し、さらに設置選挙により、初代の大潟村村長を務めた功績があったことをそれぞれ評価したものでした。

像の形は、小畑知事が立像、和田理事長と嶋貫村長は胸像となりました。実行委員長には、第1次入植者で、入植者が全員参加していた新村建設協議会の会長であった、津島信男さんが就き、干拓博物館前に完成させてくれました。除幕式が行われたのは、2000（平成12）年4月20日のことです。

宮田村政の村づくりを振り返って

よく、まちづくりの議論になると、「ハコモノはダメ。次の世代にツケを残すな」と言われます。これは反対する人の常套文句のようで、私も村民から何回も言われてきました。

しかし、「大潟村の草創期には、これは当てはまらない」と思ってきました。ゼロからの村づくりです。「公共施設はどんなものをどこに配置するか。自治体として村民の利便をどう考えるか。隣町まで10㎞以上離れている。周辺町村に頼るものは何か、村内にあればよいのは何か」、私は村長就任以来、いつもこれらのことを考えながらきました。

住みやすい村にするためには、住民の利便性も大切です。村外からも多くの人に大潟村に来てもらうことが大切です。見て、聞いて、体感することで村の理解者が増えるし、農業の発展にもつながるのです。

村長は、「いつ、何を、どこに、どういう考え方でやるか」を、将来展望も考えながら、決断しなければならないのです。さらに重要なことは、「村の都合だけで、やりたいものがやりたいときにできるものではない」ということです。政府の推進する政策は時代の流れもあり、数年で変化していくのです。それを見越し、適切な時期に計画し、国の補助金や融資対象にしてもらわなければならないのです。こうした条件の中で、村民の意見集約が可能かどうかの判断もしながら、進めなければなりません。村長は自治体のトップであるだけでなく、大潟村という経営体の社長でもあるのです。

私は、上記のように制約された条件下ではありましたが、村民の協力のもと、村外の方を含め、多くの皆さんからの指導と協力のおかげで、大潟村の草創期の途中までの大きな役割を担わせていただくことができました。不充分な点も多くあったと思いますが、ここまで述べてきた思いを胸に、私なりに精一杯やらせていただいたつもりです。

村づくりはリレーです。次は皆さんの番です。

これからの大潟村村民の奮起に期待しています。

閑話休題⑤：提案するときの基本理念

私は「十人十色」という言葉は入植前から知っていましたが、大潟村に入植し、「百人百色」を身をもって学ぶことになりました。

民主主義、資本主義経済で、資格、財産も同じで、平等・対等が原則の人間589人。それをゼロから新しい村に集めて、話し合いで新しい村を創っていく。そのことの難しさを体験する中で、私なりに体得したことがあります。それは提案するときの基本理念です。私は、自分が提案する立場のときは、次のような考え方でいこうと思い、実行してきました。

1. 私は今の時点ではこの案が一番よいと思うから提案する。
2. 満場一致を期待して時間をかけても、大潟村では何も決定できないと思う。何も決定できないことは、どこよりも遅れた村になるということだ。
3. 故に一番よいと思う案を提案し、多数決で決着をつけ前に進みましょう。

4．多数決で決定しても、住民の賛否は分かれるでしょう。しかし、その決着は、次の選挙で住民から多数決で決めてもらうことにまかせましょう。

ここで重要なことは2番目、3番目の案があることを認めていること、また、「正しい案だから提案する」と表現しないことです。なぜなら、そのように表現すると、提案する案以外は正しくないという解釈にもなるからです。入植して、身にしみて勉強になったことは、人間社会には異なる意見がたくさんあるのが当たり前なのだ、ということです。

その後、私は、いつもこれを基本として、物事を考えるようにしています。

ところで最近10年くらいの村内の空気をみていると、あまりに静かで無気力にさえ見えて心配です。対立するような意見は極力避ける入植2世の風潮は、我々一世の対立した反動が一部あることは認めますが、このままだと先が思いやられます。人間本来多様な意見があるのは当たり前であり、これが不自然な形で封印され続けると、いつか弊害が出るのではないかと心配です。

村民一人ひとりが自由に意見を出し合い、議論した上で最後は村民の多数決で決着していく活力こそが、大潟村発展の原動力だと思うのですが。

第7章　大潟村をめぐるトピック

《トピックス①》
農協の歩み

入植営農が本格化すると、その生産活動のための資材調達と、生活をするため諸々の物資供給の必要性が高まっていきました。このニーズに中心的に対応したのが、1970（昭和45）年9月13日に設立された農協でした。そこで、まずは、その歩みを振り返ってみたいと思います。

まず、1972（昭和47）年に事務所、店舗、倉庫、セルフ給油式のガソリンスタンドを建設し、1975（昭和50）年には自動車整備工場の新設と生活センターの増築をしました。新農協店舗は当時としては「農協経営の店としては東北で一番広い」と言われましたし、車検のとれる自動車整備工場は農協では東北で初めてで、セルフスタンドも秋田県で初めての導入でした。なお、農機具整備工場は、事業団時代のものをそのまま譲渡してもらっていました。

私たち農協役員は農家であり農業のことは少し分かっていても、それ以外のことはほとんど素人です。その人たちで将来を見通した施設をつくっていくことは大変なことでした。とにかくよく視察に歩いたものです。先進地を見てよいところを取り入れたのです。

そして、私が村長になると、今度は農協側の要望を受ける立場になりました。椎川丈一組合長時代には、農協会館建設が決まり（その後、1989（平成元）年2月6日に完成）、村は、駐車場用の土地の譲渡申込みを受けました。村長に就任して間もない頃の話です。「旧農協事務所と役場の間にある土地が欲しい」ということでした。役場内で協議したら、「役場の駐車場が狭いし、役場の職員が役場の駐車場を使うと村民も不便になるから、隣の土地は役場職員用の駐車場に必要である。農協会館駐車場は、南側道路の南が適当」ということでした。しかし、私は、「農協会館があるのに、その前に駐車場がなければ、組合員（村民）も将来非常に不便になるだろう。役場の職員には不便をかけるが、役場職員の駐車場は道路を隔てた南側で我慢してもらえないか」と説得し、了解してもらいました。農協は大変喜んでいました。今考えても、この案よりなかったと思います。

また、農協の石油スタンドの更新時の場所についても、紆余曲折がありました。以前のスタンドは、現在の「あぐりプラザおおがた」の駐車場あたりにあったのですが、当時の農協から、新築移転のため村に土地の譲渡を受けたいと申込みがありました。場所は、旧スタンドの道路を挟んだ西側の村有地ポプラ林の防災林地のところです。

実は、次の石油スタンド用地については、私が組合長当時に予定していた場所があったのです。当時の石油の輸送事情から石油貯蔵タンクが必要となり、将来的なスタンドとの連携のことも合わせて検討した結果、現在のローソンのコンビニのある場所を「次のスタンド用地にしたい」と村に説明して土地を買っていたのです。

そんな経過があったところに全く別の場所を希望してきたので、村も困りました。

村としていろいろと検討した結果、「スタンドは、将来を考えれば、県道沿いに出た方がよいと思う」と、村長として非公式に農協に伝えました。しかし、それに対する答えは、「理事会でも決定したし、どうしても申し込んだ土地に移りたい」とのことでした。

そこで、村としては、やむを得ず次のように申し出ました。「村の将来の発展性から考えて、県道沿いが適当と思うが、農協がどうしてもと言うのであればやむなし。希望の土地を譲渡します。ただし、村としては、今後、民間業者からスタンドを是非、県道沿いに出したいと要望があった場合、許可する場合があることを条件としておきたい」と。そうしたら、それからスタンドの話はなくなりました。

それから数年後、高田文男組合長時代になってから県道沿いに出たいということで申し出があり、村と農協とで協議の上、現在の県道十字路の一角に建設されたのです。

このほか、金融機関の店舗開設をめぐっても紆余曲折があったのですが、これについては閑話休題⑤で述べたので、繰り返しません。

また、言うまでもなく、農協の最大の役割は、農作物の生産・指導・販売などになります。これに関しても、まだ私が農協組合長をしていた頃のエピソードを一つだけご紹介したいと思います。

１９７５（昭和50）年頃だと思いますが、農協に種苗資材会社から『アムスメロン』という新種が出たので作付けしませんか？」という提案がありました。名前の由来を聞いたら、「オランダのアムステルダムからつけた」とのこと。「これまでにない甘さのある、よい品種」というので、試作することにしたのです。その結果、予想以上に「今までにない、よい甘さだ」と評判となり、２年目からまとまった面積になってきました。１９７７（昭和52）年：20 ha、１９７８（昭和53）年：14・４ha、１９７９（昭和54）年：62 haと伸びていき、「メロン御殿」と呼ばれる家を建てた人が出てくるなど、話題になりました。

ところで、農協の歩みを振り返る上で重要なポイントは、組合員数の変化とその内容です。発足当初は１戸１組合員でしたが、しばらくして、「１戸複数組合」の声が高まり、決定されました。

その後、１戸２人くらいの数で経過してきたのですが、１９９５（平成７）年頃から、過剰派の組合員が急増してきたのです。１人30万円の出資金納入が条件なのですが、それでも１戸で３〜４人も組合員になるのです。最大は１

戸で8人もいるそうです。

順守派もしばらくの間は競争していたのですが、そのうち、「そこまでして理事に出る必要はない。資金も無い」などの意見が出て、組合員を増やしてまで理事を出すことはやめました。結果的には、当時の経済力の差で順守派は負けたのです。なお、こうした経済格差は、以後、村内の各団体の選挙まで大きく影響を及ぼしていくことになります。

農協役員改選のたびに過剰派理事が多く当選し、組合長も過剰派から出るのが常態化してきました。この背景には、当時の過剰派は、米は売れるが運転資金や米の乾燥調整の設備資金などで困っていたという事情があったと思われます。行政の目もあり、銀行も表向きしぶる状況もあったし、村の農協の主導権を自分たちで握ることで打開しようとしたのだと思います。事実、その後は、貸付方針が変更され、過剰者が利用しやすい内容になっていったのです。

こうした両派の確執から、大潟村農協がカントリーエレベーター公社への出資を拒否することにつながり、さらには「二人の組合長が誕生した」と新聞報道されるなど、長期にわたり、攻防戦が続いてきました。

その後しばらくして、過剰派が生産調整に協力する大転換があり、政策的な対立軸がなくなり、第2世代は表向き静かになりましたが、農協運営は以前と変わらず、組合員全体からみれば片肺飛行が続いてきました。それに最近になって新たな動きが出ました。秋田県全農規模の農協合併の協議会から、JA大潟が脱退したのです。このことは県の農協組織からも距離をおき、更に孤立の道に入り込んだように見えます。組合長は10カ年計画書を発表し、10年間は経営は大丈夫としています。JA大潟の実態は470戸の農家で、生産物の販売高、令和2年度決算は1億5000万円台と戸当32万円くらいよりありません。米は1俵も取扱っていない特別な農協なのです。金融では、政府方針により小規模で利益は難しいでしょう。残るは購買事業です。結局は高い手数料で帳尻をあわせるよりありません。これこそ組合員の犠牲の上に農協が形の上だけ残るパターンです。農協は経済団体です。客観的に見て、無理があるようにしか見えないのですが……。組合員全員が今こそ目を覚まし、意見交換すべきときが来ているように思います。今からでも遅くありません。合併協議会に戻してもらうことが賢明かと思うのですが……。

閑話休題⑥：パンプキンパイ誕生秘話　【１９８９年（平成元年）４月15日発売】

大潟村のおみやげ品の定番「パンプキンパイ」。それが誕生したのは今から約34年くらい前になります。大潟村では、ある時期からカボチャの作付けを奨励していましたが、悩みの種は、年によって作付け面積増減が激しいことでした。

そこで、規格外の物を菓子のパイの材料にしようという取り組みが始まりました。これは、今でいう「六次産業化」と同じく、「付加価値を付けて売る」という意味があります。

その開発作業は、苦労しましたが、その甲斐あって、とてもおいしいパイが出来上がったのでした。製品化の見通しがついた段階で、商品名をどうするかという話になりました。関係者に考えてもらった結果、最有力候補は、「カボチャパイ」でした。

ところが、ちょうどその頃、秋の文化祭の講師をＮＨＫ論説委員の勝部領樹さんにお願いしていたのですが、講演の前の雑談中にパイの話をしたところ、「組合長、それなら『パンプキンパイ』の方が売れるよ。家の娘がアメリカにいるが、ネーミングが非常に大切と言っている。カボチャでは売れないよ」と言われたのです。そこで、皆さんに相談し、現在の「パンプキンパイ」という名称になったのでした。

そのお菓子が、文字通り大潟村の初期の特産加工品となりました。そして、今も大潟村を代表するおみやげ品、否、秋田県のおみやげ品の代表格にランクされているというのは、実に感慨深いものがあります。

《トピックス②》

大潟村カントリーエレベーター公社

（略称ＣＥ。農家の米や麦、大豆を集荷し、乾燥調整して、白米や米粉等として販売している会社（最大貯蔵能力5万７０００トン））

「東洋一」と称され、大潟村のシンボルの一つともなっているのが、カントリーエレベーターです。その1号基は１９６８（昭和43）年9月10日に完成しました。1次入植が営農開始した年の収穫前でした。

当初の運営は、事業団が秋田県経済連主導型の会社をつくる形でスタートしました。

しかし、その2年後の１９７０（昭和45）年3月23日に、八郎潟カントリーエレベーター公社が設立されたのでした。

その後、大潟村農協の出資が順次増額され、１９９２（平成４）年には、出資総額５５００万円のうち、農協が77・7％を占め、その他が県経済連、秋田県、大潟村などの出資という構成になりました。

設立当初の農協の方針でも、ＣＥの施設はいずれ農協が取得するのが当然と考えられていました。しかし、いざ具体的に進めようとしたところ、重大な障害があることが判明したのです。それは、取得にあたり数億円の税金がかかるということでした。

その後、県や国に国策によって誕生した施設であることから、減免をお願いしましたが、一歩も進まず、結局、公社（株式会社）として残ることになったのでした。

それはともかく、稼働が始まった当初は、自主検定の内容が不公平との不満、大規模ゆえの機械の粗さ、さらに協業経営の失敗による個別経営でのコスト意識の高まりなど、ＣＥに対する利用者の不満の声は大きいものでした。入植の条件として共同利用施設を利用することになっているので、利用しながら改善していくよりなかった訳ですが、だんだんCEを利用しないで、個別に乾燥調整設備をつくる人が増加していきます。

それにさらに拍車をかけたのが、生産調整に協力しないで稲を全面積作付けし、ヤミ米で売ろうとする人の増加です。当時は食管法があり、米は全量集荷業者を通じて売ることが義務になっていたので、CEではヤミ米は取扱いができません。そのため、法律を守らない人は、その利用ができなくなったのです。そのためCEでは、急速な利用者減となりました。その影響は会社の経営にも表れ、1989（平成元）年には約6000万円の赤字を出しました。

再建策の一つとして会社では増資計画を決め、農協や村、利用者に増資の要望を出しました。ところが、それに対し、当時、圧倒的な77％の筆頭株主であった農協が出資を断ってきました。これは大変なことだったのです。

農協がCEを見捨てるのであれば、利用者がやるよりないということで利用している人で出資しようということになりました。そこで大潟村としても「『東洋一』のこの施設こそ、大切に活かして、使わなければならない」と判断し、村長であった私は、村として出資に積極的に応じる考えを示し、議会の協力を得て2カ年で1億円の出資を決定しました。

最終的に、利用者は1億3000万円余出資し、それにより利用者株のみで過半数を占めることとなったことで、安定した運営ができるようになってきました。

実は、当時、不穏な情報が流れていました。過剰派が「農協は我々の手に入ったし、次はカントリーだ。あのサイロと、大きな倉庫は我々の米の保管には最適だ」と言っているというものです。事実、CEの株主総会の役員改選で当局案に反対し、別の役員名簿を作成して、緊急動議で提出されたことがありました。最終的には、採決の結果、当局側が勝って、経営方針が継続されたのですが、そういう事実もあったのです。

こうした動きも利用者が自覚を持って立ち上がった要因でもあったと思います。

CEのその後の経営方針は、順法と、均一な品質管理と大規模によるコスト低減とをセールスポイントとしています。その結果、全国の大口消費者からの信頼を得ることができ、取引が安定化してきています。ＣＥの２０２１（令和３）年産の農産物の集荷状況は次のようになっています。玄米で１万９５００ｔ（32万５０００俵）を集荷し、その中に村外集荷１５６０ｔが含まれています。他に小麦４０２ｔ、大豆６５８ｔを集荷し、販売しています。入植者農家のＣＥの利用率は42％です。数年前から集荷量の増加が続いており、経営は安定しています。

今後は、国の米政策の転換、ＪＡの変化などにより、ＣＥの役割にも変化が要求される時代となるでしょう。経営陣の先見性ある指導に期待したいと思います。

《トピックス③》
協業経営の失敗はなぜ？

入植者募集の段階から、国は「協業経営」を特に奨励していました。入植試験のときも「協業申込みが有利だ」と囁かれたりしていました。「協業経営」というのは、「これまでの農業は、過剰投資であった」という考えに基づき、「5～6人のグループを結成し、機械を共有して経営まで共同でやる」というもので、それが極めて望ましいとされたのでした。

私たちは、八竜町から仲間5人と協業経営で入植を申し込みました（3次）。「面接の際、『全員合格すればよいが、仮に他の人が落ちてもあなたが合格すれば、入植するか』と聞かれる可能性がある」と事前に噂で聞いていたので、グループ5人で申し合わせをしました。

実際にそのように聞かれ、「一人でも落ちれば、残り全員辞退します」と全員が申し出ました。幸い全員が合格しましたが、後で聞いた話では、そんなに固い答えを言ったのは、我がグループだけだったそうです。

そんな訳で、当初は特別な人、数人を除いて、ほとんどが協業経営でスタートしました。しかし2年、3年、4年と進むにつれてどんどん解体していきました。

その理由ですが、対等・平等を基本としますから、働いた時間で利益を分配することが基本になります。しかし、人によって、同じ時間働いても、その仕事の量も質も異なります。取り組む姿勢にも個人差があります。故に、全体の利益に貢献する度合いもはっきり差があるのです。それでも、出勤した時間だけによって利益が分配されることになります。そこで能力のある人は馬鹿らしくなり、あまり働かなくなります。これでは、グループ全体の生産が落ちます。これが悪い連鎖になります。そこから「個人でやれば、もっともっとできる」と考えるようになります。

こうした経過と理由で協業が年を経る毎に少なくなっていきました。私たちのグループは7年くらいはやったのですが、これはかなり長く続いた方でした。

その後、家族単位の経営になったら、見違えるほど生産が伸びました。家族経営の粘り強さをまざまざと体験したのでした。

しかし、その後、農業機械の協同利用、農作業委託（受託）、経営委託や、法人化しての経営規模拡大方式など、多様な変化が生まれてきています。こうした流れを今後、日本農業の政策を考える上で、参考にすべきと思います。

農産物価格は国のさじ加減で上下します。どんな経営形態にしろ、コストを上回る価格でなければ成り立ちません。会社経営でも黒字になる農産物価格を維持する覚悟が国に問われています。

家族経営のよさも残しながら、会社経営と二本立てで、日本農業が継続されることを願っています。

《トピックス④》
育苗団地

1973（昭和48）年から1974（昭和49）年にかけては、「育苗団地をどうするか」が農協の緊急テーマでした。

当初は、ヘリコプターや機械の直播計画だったのですが、これが失敗したので、新たに育苗する土地が必要だということになったのです。後になって、事業団はその土地の譲渡先に農協を指定してきました。

問題は、戸当平均の必要な面積をどう積算するかという点にありました。国は、水田は半分という前提ですから、それを認めつつ、どう組み立てるかが最も難しいところでした。外部に相談するようなものでもないし、農協内部で検討を繰り返しました。

我々の本音は、将来、15haが水田と認められる場合を想定し、それに耐える案をつくるということでした。しかしそれは計画案には書けないことです。

そこで考えた案は、以下の通りでした。

① 箱育苗方法で反当り最も育苗面積を多く必要とする方法を基準として、7・5ha分を計算すること

② 農家にとって菜園地は必要なものとして、その分を育苗面積に加えて一緒に配分してほしいこと（＊1次・2次入植者の住宅敷地は500㎡で、その他菜園地を別に戸当500㎡配分していましたが、3次以降は宅地面積を700㎡に増加したこともあり、菜園地は配分されていませんでした。）

③　ハウスの配置は、作業しやすいように道路や通路を広くとるなどの要望を組み立て、戸当り10ａ（１０００㎡）は必要であること

この案を事業団に提出したところ、担当の方では「根拠云々」との異論もありましたが、理事長段階では、「将来のいろいろな可能性の道も是非残してほしい」旨を率直に申し上げたところ、認められ、約60 haほどの土地を農協が取得することになりました。

そこで、総会に付したところ、組合員からは「一旦農協が取得すれば、後でいろいろ理由をつけて農家に譲渡されなくなるおそれがあるので、反対だ。直接農家に売ってくれ」との意見も多くありました。しかし、「事業団は戸別の農家には売らないと言っている」旨を説明し、「もし農協を疑うなら付帯決議をつけてもよい。必ず農家に譲渡することを約束する」として、付帯決議をつける形で決着しました。

その個別の配分も大変苦労しました。しかし、限られた面積の中で、対等・平等を失わないような案づくりに心がけ、すべて抽選で実行した結果、異論なくスムーズに配分できました。そして、１９７０（昭和50）年から使用開始しました。

今日、60 haのこの団地は県内でもトップクラスのハウス団地になり、水の便もよく、産直活動の基盤施設として大活躍しています。まだまだ、活用の可能性を秘めた施設であり、今後さらなる発展が望まれます。

《トピックス⑤》
減反の賛否、変遷の歴史

入植当時は食糧管理法があり、米はこの法律を守って売買、流通しなければならないことになっていました。そんな中で国は、米が過剰になるとして、減反政策を始めたのです。

農家にしてみれば減反はやらないでほしいのですが、全国の農協中央会が「協力しなければ食管法そのものが廃止されるおそれがある」として、食管堅持運動を展開していたので、やむを得ず協力するということになったのです。さらに秋田県はもちろん県内全部の農協も協力するということになっていました。

もっとも、1970（昭和45）年に初めて大潟村に減反の割り当てが来たときは、「減反に協力したい」、「もっと多くの減反面積の配分が欲しい」との声が強く、調整に苦労しました。第2章でも書きましたが、当時は入植者に配分された土地の中で、地盤が軟弱でどうしても稲の栽培が困難な面積が各農家にあり、それを減反の対象としてもらえば、耕作しなくても補助金が来るので、みんなが多くの面積を欲しがったのです。

しかし、その後は、畑作物を栽培し、収穫して初めて補助金が来る仕組みになったので、畑作をやらないで米を作って、ヤミ米で売った方がはるかに儲かることになりました。そのため、過剰作付け者が年々増加していきました。国、県、村は、是正するよう懸命に指導したのですが、歯止めがきかない状況となっていきます。

それというのも、減反（生産調整）に協力しないで、全面稲作作付けをしてヤミ米で売れば、協力する場合と比べて年間500万円も売上げが多くなるという、極めて歪んだ実態が続いていたからです。

その後、15ha全面水田認知され、畑作部分に補助金が交付されましたが、それでも協力しない方の増加傾向が続き、半数を超えるくらいにまでなっていました。

大潟村の村長になったある人が、生産調整反対を公約に当選したのに、就任したら生産調整に協力し、退任したら生産調整反対に戻るなど、何が大義か不明で、まさに迷走状態でした。

しかし、その数年後の2007（平成19）年に変化が起こります。

それまで生産調整反対の急先鋒であった涌井徹さんが「仲間と共に生産調整に参加する」と発表したのです。村内でも、世間でもびっくりでした。過剰派が利用している、涌井さんが社長をしている「あきたこまち生産者協会」へ納入している会員にアンケートしたら100人が「生産調整に参加したい」と回答したため、そのような方向に転換することにした、という説明でした。

1995（平成7）年、食管法廃止と共に新たに新食糧法がスタートし、米の宅配も全国自由競争となり、以前のようには儲からないわけです。こうなった以上は、行政に協力して、農業機械や設備の低利融資や各種補助金を受けた方が得策と考えたからだろう、と村内的には見られていました。

ここに至って、「あの生産調整反対の大義は一体何だったのか？」と改めて考えずにはいられません。生産調整に反対していた人たちのかつての主な主張は、以下のようなものでした。

① 農業は本来自由であるべきもの。
② 国の補助金はいらない。農業は自立すべきもの。
③ 国は違法な義務を入植者に課している。

そして、彼らは、自ら原告となり、裁判闘争してまで、その大義を押し通そうとしたのでした（結果は、最高裁判決で原告敗訴)。

しかし、近年はそうした大義も聞かれなくなっていました。そこに来て、前述の涌井さんの方向転換です。結果的に見れば「その時々においてより多く儲かる方に動く」ということだったのではないかと思わざるを得ません。そう思ったとき、なぜか体から力が抜けたような気分になったことを覚えています。ちなみに、最近では国の多額の補助金に活路を求めているようです。

それはさておき、その後、２０１６（平成28）年と２０１７（平成29）年には、大潟村で生産調整が１００％達成となり、ニュースになりました。そして２０１８（平成30）年度から、国の生産調整の割当がなくなったのです。

総括すると、大潟村の生産調整の歴史において、最初と最後は１００％達成できたということになります。

《トピックス⑥》

大潟村村長としての意見発信

自然死方式こそ恥ずべき政策

宮田正馗　秋田県大潟村長

＊＊＊＊＊＊＊＊＊＊＊＊＊＊＊＊＊＊＊＊＊＊＊＊＊＊＊＊＊＊＊＊＊＊＊＊＊＊＊

今、日本農業が変革の時を迎えている。この時こそ、それぞれの立場の人が自分のやるべきことをキチンとやるべきであると思う。

これまで農民は、政府が悪い、政治が悪いが口ぐせであったことは否定できない。今後はそうはいかない。情報化社会の到来で国民が世界の事情を知り、広く考えるようになったからである。さてどうすべきか？　農業の本質は天と地と人の有機的結合であることを忘れず、地域的な連帯が必要である。

さらに農民が少数派になればなるほど団結が必要である。そして「規模拡大」「徹底した合理化」「流通改革」「新分野への展開」「専業化への強い意志」を念頭におき、変革の時代の先頭に立つ気概を持つべきである。

一方行政はどうか？　これまでは社会の変化についてこられなかった。これが結局は制度や、作目の自然死を誘発することになった。社会の変化は激しい、制度や行政指導の見直しも、適期を逃がすと取り返しがつかなくなる。世の中で何が一番恐ろしいかと言えば「役所の検討中」ほど恐ろしいものはない。大潟村長十年の実感である。いろいろ事情のあることは百も承知である。しかし、現場では時間の経過で結果が出、それが実績となる。

実績に役所は弱い。どうして変化についていけないのか、それは行政だけが怠慢なのではなく、政治家も矛盾を放置するからだ。こんなことを言えばなんだかんだ言っても、一番悪いのは大潟村ではないか？と言う声も聞こえそうだが、それも一部は認めるとしても、それを誘発し、助長してきたのが行政と政治の対応の遅れであることも事実である。

大潟村問題についてみれば「鶏が先か、卵が先か」の議論も多いが、しかし日本農業全体をみても行政と政治の対応の遅れが今日、日本農業を沈没寸前に追い込んだことは確かだ。日本農業は全部いらない。日本農業は全部守る。今ではどちらも暴論であろう。

「何をどのように残すか」ということである。そのためには行政の明確な施策が必要である。制度の改正と構造政策の思い切った展開である。いろいろ事情がありまして……結局またぞろ自然死を待つ施策では愚策であり、恥ずかしい限りである。

【時事通信社『農林経済』1988（昭和63）年7月4日より】

＊＊＊

以上の文章は私が農林水産省筋から依頼され、『農林経済』誌で発表されたものです。当時は、私が村長に就任して10年ほど経った頃で、大潟村の米騒動はますます複雑化し、混迷を深めていた時期でした。この時期、マスコミが村内外の混乱ぶりを全国に報道したこともあり、村民たちは、「大潟村よどこへ行く……」と世間から冷たい目で見られながら暮らしていました。私は、こんな時期こそ、現職の大潟村長の意見を世間に発信することが必要だと考え、右記文章を『農林経済』誌で発表したのでした。農林水産省筋から依頼があったことからも推察されるように、同誌は政府筋との関連が濃く、政府関係者、研究者、ジャーナリスト、農林漁業者、専門記者が的確、詳細な解説や特集を行う雑誌として大変定評のある雑誌だったからです。

《トピックス⑦》裁判闘争の副産物

入植者としては、農地の買い戻しはされたくない。だから、個人の責任を避けるために、「裁判でなく、話し合いだ」とする調停からまず始め、次に裁判闘争に持ち込む。時間をかせぐこの戦略は極めて巧妙でした。その間、過剰作付けし、毎年実利を手にし、米を収穫した実績を残していく。これこそ国が一番困る手法だったのです。

これは、年間1700万円の予算で全国から有名弁護士を集め、弁護団をつくり、過剰作付け者のリーダーたちと練り上げた一大作戦だったと思います。その財源は過剰作付けした米代金のほんの一部でまかなえるのですから、軽いものです。

ですから、農事調停から始まり、村長、知事の告発、そして結審まで、約10年間、原告は、裁判闘争を続けたのです。被告にされた私にとっては、個人で弁護士を二人頼み、負けられない戦い、忍耐を重ねた7年余りでした。

こうした戦いの中では嫌な副産物もありました。小さな村で二分されて戦っているので、誹謗中傷はよくあることであり、構わないようにしていましたが、どうしても警察に相談しなければと思うことがあり、大潟村の駐在所に行きました。

「それは重要なことなので、詳しく説明してくれ」と言われ、話しました。「自宅への無言電話はいつものことでしたが、エスカレートしてきて、『バカヤロー』、『シネ』、『オボエテイロ』等と言って、すぐガチャンと電話を切るのが多くなってきた。事が起きてからでは、なぜ相談しなかったかということにもなると思い、夫婦で相談しに来ました。子供たちには知らせていない」と報告しました。

数日後、駐在さんから指導がありました。「我々の方でも気をつけるが、宮田村長は日没後暗くなってからは村内を歩かないで、車で移動することを守って下さい。村内に多数の猟銃があり、念のため注意した方がよい」とのことでした。

家内と二人、「他には一切この話はしないで気をつけていこう」ということにしました。私は約半年くらいは注意しましたが、その後は普段の生活に戻りました。現代社会における戦いとは、こういうことかと考えたこともありました。

《トピックス⑧》

痛恨、畑作の遅れ。しかし、観光、交流人口の経済的効果は大きい

今振り返って、何が残念かと言えば、それは、米以外の取り組みの遅れです。畑作を振興し、特産品を生み出し、集出荷所で共選し、品値の高いものを市場に出すこと。加えて、加工工場をつくり、加工品として付加価値をつけて売ること。この基本的なことができなかったことです。

当初は、土地が軟弱で畑作もよいものがとれませんでした。しかし、その後、徐々に暗渠効果が出てきたことで、農家の工夫次第でよいものが生産されてきたのです。アムスメロン、カボチャ、ニンニク、玉葱などです。

ヘドロ土壌の持つ地力と、ミネラル成分の効果まで、他産地をしのぐ良品の生産も可能になってきたにもかかわらず、それらの価値をより高めるための施設整備ができなかったのです。

その最大の理由は、国の補助金制度から除外されたからです。生産調整が大幅に未達成で、全県、全国から批判されている折、国は大潟村にペナルティを与えたのです。

そんな中でも、補助金なしでもやるべきと考えたこともありますが、それもまた大きなハードルがあったのです。「畑作振興に村の予算を多く使うことは、生産調整協力者にテコ入れすることになる」として、全面稲作の人たちが大反対するのです。

結局、地力と技術は個別的には育ってきても、組織的にそれを生かしきれずに今日を迎えたことは、まさに痛恨の極みであります。

ただ、そうした中でもできたことはあります。最初は、温泉掘りでした。これが成功したので、村出資の物産公社

という三セクを設立し、「ポルダー潟の湯」や産直センターをつくりました。また、交流人口増加を目指し、ソーラーカー・ラリーなどのイベントを展開してきました。農業以外の分野では補助金は制限されず、世間並みの取り扱いだったからです。

これらの業績は、どの分野も秋田県のトップクラスの実績をあげ、その延長線上で秋田県青少年宿泊所（現「ホテルサンルーラル大潟」）の建設へと進んできました。２０１１（平成23）年からホテル、温泉、産直センターが合併して「㈱ルーラル大潟」になりました。

２０１６（平成28）年に㈱ルーラル大潟が民間の調査会社に発注して、自社の経済効果を調査した結果によれば、年間売上高平均12億６０００万円で村全体の８・９％となり、入植農家（15 ha×５８９人）の１０５戸分の生産額をあげています。この分も加えた大潟村の１人当たり所得は、秋田県のトップクラスの地位を数十年にわたり占めてきており、大潟村の評価に大きく貢献しています。さらに分析すれば、㈱ルーラル大潟の生産額を大潟村の農業のやり方で稼ぐためには、旧八竜町の全水田（１４３０ha）と同じ面積が必要になるのです。

このことは、逆に言えば、広大な面積を要しながらも農業の生産性が低いことを示す一方、農業・観光・商業など複合した観光・サービス事業の面積当りの生産額が飛躍的に大きいことを示唆しています。

大潟村のリーダーは村の経営者でもあります。総合的な経営感覚での村づくりが期待されます。

《トピックス⑨》

村の発展用地の取得

八郎潟周辺保健体育施設組合という組織がありました。八郎潟周辺の11カ町村によって、1977（昭和52）年4月1日に設立された組織なのですが、この組織で国の土地60haを大潟村地内に取得していました。その後、1980年代後半に、その土地でのパブリック型ゴルフ場開発の案が出てきましたので、当該組合で検討を開始しました。いろいろと視察をした結果、「高い会員権を持たなくとも、誰でも申し込める方式で、低料金のゴルフができるようにしよう」という話になったのですが、当時は農薬の害が広がるとの反対運動があり、最終的に、組合として計画を断念しました。

それによって、組合の今後のあり方に対する不満と不安の声が強まることになりました。大潟村民の反対運動が強かったことから、大潟村への風当たりは強いものがありました。

そこで、大潟村から、「今後すぐ別の開発計画をつくることも見込めないので、この際、大潟村が全面積を買い取りたい」と申し出ました。

組合としては、大筋認める方向になったのですが、土壇場で、八竜町と琴丘町が「売らない」と言い出し、「土地はそのまま持つ」との意見になりました。しかし、11カ町村の共有なので区分することも面倒ですし、なによりも大潟村の土地の中に他町村の土地が点在することになれば、今後の土地利用の価値も下がるし、困った状況になりました。

そこで私は、まず、出身地の八竜町の町長さんや議長さんのところに何回も通い、事情説明を繰り返しました。そのおかげで、なんとか了解にこぎつけることができました。

残った琴丘町は依然反対していました。そこで、私は、町長さんに、「1回だけ、関係者に大潟村の説明を聞く会を開いてもらいたい」とお願いしました。町長さんは了解してくれました。

当日、私は大きな地図などを用意し、琴丘町役場の会議室で、町の三役、議員全員、町の幹部が揃う中で、①この土地は当面の開発計画はないこと、②分割されてはお互いに利用価値が下がるし、大きな開発のチャンスも少ないこと、③何よりも、この土地を琴丘町が分割所有しても、そこに行く道路がないこと、大潟村の土地に道路を造成しなければ、土地の利用はできないことを、地図を示しながら説明し、ご検討をお願いしました。すると、その結果、数週間後に「了解しました」との回答をいただきました。

今でも、周辺10カ町村のご協力には本当に感謝の気持ちでいっぱいです。ありがとうございました。

八郎潟周辺保健体育施設組合は、土地全部（約60・5ha）を約4億8400万円（10a当たり80万円）で大潟村に売却し、解散しました。その後、大潟村は、その土地の一角に干拓博物館と産直センターを建設しました。村の観光と情報発信の基地として貢献しており、別の一角にはメガソーラーが設置され、再生エネルギー基地として貢献しています。ここにも周辺町村との良好な関係があって、大潟村の発展があるということが示されています。ありがたいことです。今後この土地は、大潟村を大きく飛躍、発展させるための重要な意味を持つものと思います。最近2022（令和4）年7月に大潟村が「自然エネルギー100％」の村づくりへ挑戦として新しい計画を発表しました。時宜を得た、我が村にふさわしい計画です。大潟村の集落が1カ所だけという、究極のコンパクトタウンであることや、長い道路に面した広大な村有地・更に周辺11カ町村から購入した60haの土地など、大潟村でなければ揃わない最高の条件を活用できる事業だと思います。全村民と共に進め大潟村発展につなげてほしいと思います。

閑話休題⑦：一線を守る～大潟分署救急車配置を例に

私は、村長時代、世間と協調しながらやっていくことが大事だという信念でその職を全うしてきました。しかし、そのことは、安易に妥協するということとは全く異なります。そうではなく、「必ず守らなければならない一線は何があっても守る。そのために必要な協調は当然しなければならない」と考えてきました。そのことに関連して今でも思い出すのが、男鹿広域消防署の分署への救急車配置をめぐる出来事です。

広域消防も少しずつ整備が進み、救急車が配置されるようになってきた頃の話です。男鹿市、天王町、若美町、大潟村で構成される男鹿広域消防でも、各地域に分署を設置し、消防ポンプの他、新たに救急車を配置する計画が示されました。

しかし、その案を見て私は愕然としました。大潟村に分署がないのです。若美町のカントリーエレベーター承水路西側の若美町（現在の若美分署の土地）に若美分署を設け、大潟村はそこからカバーするという案だったのです。

私は猛反対しました。「3000人の人口だけで判断すべきでない。独立した自治体であり、面積は一つの郡に相当する広さを有している。この地域を治めるには、どうしても大潟村の中心部に分署がほしい。男鹿市の野石地区も大潟村からのカバーでより便利になる」と要望しました。

しかし話は棚上げ状態で空転し、1年以上も放置されました。私はどこまでも反対し続けました。

その後、両者で話し合いが行われ、大潟村が分署建設費の負担金を大幅に増額することを了承することで、ようやく合意し、1979（昭和54）年9月5日に現在の地に分署が設置されたのです。

1分1秒を争う救急車。「近くにあって助かった。安心だった」という声を住民の方から時折聞くたびに、「あのとき決着をつけておいてよかった」と思っています。

《トピックス⑩》
大潟村神社とイタコと永六輔さん

入植者が入村して間もない頃から、「鎮主の杜と神社が欲しい」という話が出ていたと聞きました。私たちは3次入植者なので、来たときはすでに具体的な内容の話に入っていたと思います。

聞いた話ですが、当初、「神社をつくることは、公共の土地を使うので憲法違反だ」と、ある宗教の人から反対意見もあって足踏みしたとのこと。しかし、村が東京の優秀な弁護士に相談したら「大丈夫だから」と回答があったとのことで、話を進めたそうです。

関心がある人が集まって相談したら、「伊勢神宮の式年遷宮の際の古い小社を払い下げてもらったら」と話が出たということで、小畑勇二郎知事から三重県知事に頼み、伊勢神宮にお願いしてもらうという流れで進められたということです。私たち3次入植者はこのあたりから、相談の輪に入ったような状況でした。小社を一つ丸ごともらえたということで、「こんなことは、稀なことだ」と言って喜んだものです。

ところで、「どの神様を祀るのか?」との話になると、「それは当然、天照皇太神と豊受大神だ」と言うのです。そこで「地元の神様の八郎太郎は入らないのか」という話が出ました。そうしたら、「駄目だろう。伊勢神宮からもらったものだから、そのままの形を守らなければ」などのやり取りが始まり、だんだんその場がざわつき始めました。

秋田の八郎潟の地元の入植者から「八郎太郎の入らない神社はいらない。他のものを借りても意味がない」との発言があって、問題が簡単でない雰囲気になってきました。

その後、何回か集まってもやはり、八郎太郎の話は大きくなるばかりです。そこで、伊勢神宮に聞いてみることになりました。

この頃には、秋田県の神社庁から派遣された宮司が担当の相談役のような形で参加していました。そこで次回に、伊勢の報告が宮司からありました。「由緒正しい、天照皇太神を地方の荒神様と一緒に祀るなどあり得ない。今まで一度もないことだ。できない」とのことでした。

ところが、この答えを聞いて、おさまるどころか、かえって火がつきました。「私たちは八郎太郎の住んだ八郎潟を干拓した土地に暮らそうとしているのに、八郎太郎を祀らない神社なんかいらない。どうしても駄目なら小社を返して、別の材料で建てた方がよい」などの意見が強くなって、紛糾しました。

そこで、もう一度、伊勢にお願いしてみることになったのです。

次の回答は、「八郎太郎も一緒に並べて祀ることを了解してもらった」とのことでした。「ああ、これでよかった」ということで、その後は極めて順調に進みました。

憲法違反の話も出なくなり寄付金も集まり、立派な大潟神社の誕生となりました。1978（昭和53）年11月25日のことです。その後、毎年お祭りをやり、節目の行事もちゃんとやり、宮司も定まり、村民の日常に馴染んできているようになりました。

一方、神社の話が落ち着くのとは裏腹に、村内の稲の作付けをめぐる騒動は、収まるどころか激しさを増し、毎年自殺者も出るし、暗いニュースばかりが続いていました。1976（昭和51）年から3年の間に入植者本人が4人も自ら命を絶ったのでした。

「モデル農村に夢を持って来た人がこんなことになるとは、心の整理ができない大きな壁に突き当たったのではないか」と考えたりしましたが、私に説明できるはずもありません。

私も村長として思い悩んでいた頃、ある日、村長に面会を求めて来た人がいました。八郎潟の湖岸の町の「イタコ」という二人の女性でした。

そして、「村長さん、八郎太郎は泣いています。『今いる場所は俺のいる場所ではない』と泣いている。『早く自分の場所に行きたい』と言っている。『こんな状態だから、大潟村は悪いことが続いているのだ』と言っている。八郎太郎が一人で住める小社を小さくともよいから建てた方がいいと思う。そうすれば悪いことも無くなる――」と言うのです。

私は複雑な思いでした。八郎太郎を無理矢理あの場所に並べたのは、自分の意見でもあったのですから。「八郎太郎の気持ちも分からず、我々の勝手な解釈でやったためか」と思ったりもしました。

私は「イタコ」のお二人に「よい話を聞かせてくれてありがとうございます」とお礼を申し上げ、「氏子の人たちとも相談してみます」と答えました。

その後も、時々このことが頭に浮かびます。「小さな小社であれば、寄付金を集めればできない相談でもないし……」と考えたり、「しかし、それでまだ、八郎太郎が満足してないということになればどうなるか……」等々考えているうちにも時が流れていきます。

そして、1995（平成7）年11月に、村の農業文化祭に作家の永六輔さんが講演に来ました。その中で極めて興味深い話をされたのです。

「今日私は大潟村に来て、大潟神社に行ってきました。驚くべき発見をしました。この神社には、天照皇大神と豊受大神と八郎太郎が一緒に祀られているそうです。これは日本の国の歴史にないことです。伊勢は由緒正しいものとして純血を守り、それ以外とは一切共存しないのです。八郎太郎のような神様は、どこの地方にもいっぱいあるもので、これらを荒神様と言います。それらの荒神様のまとめ役が出雲大社なのです。ですから、これらが一緒になることは考えられないのです。これが大潟村に存在したのです。日本の宗教上の大事件です。これこそ新しい村だからできたことだと思います。日本の宗教の歴史を変えたのです。これこそ大切にすべきです」と、永六輔さんは語りました。

私はとてもびっくりしました。そんなこととはつゆ知らず、自分たちの体感だけで行動してきたことが、見る人が見れば歴史的な意味を持つと言うし、ここまで知らされれば「イタコ」の話で頭を悩ますこともないと、スッキリした気持ちになりました。「むしろ今後は、宗教の歴史的融合の地として育てていくことが、意味があるのではないか」と考えるようになりました。

【追記その①：純血主義はどこまで求められる?】

その後、伊勢神宮から来ている書面によれば、八郎太郎の件は玉むし色の表現になっています。しかし、実態は明らかに三体が並んで祀られています。

また、記録によれば、伊勢神宮と出雲大社の神様に仕える人たちは昔から交流があり、最近では2014（平成26）年10月5日に高円宮憲仁親王の第二女子、典子様が出雲大社の権宮司の千家国麿様とご結婚されています。

「神様は純血主義を通し、支える人はどちらでもよいのか?」。素人には分かりにくいことです。

【追記その②：墓地公園はありますが、お寺や教会などはありません!!】

神社がつくられるとき、公共の土地に宗教施設をつくることに対し反対の声があったことを記しましたが、その後、寺や教会等から村に土地の分譲希望がありました。検討の結果、「宗派による差はつけられないので、分譲はしない」という方針としました。

その結果、秋田県以外の入植者の大方は、村の周辺町村の同じ宗派の寺や教会などに加入する方法となり、秋田県内入植者は、以前のままの方が多くなっています。

ただし、墓地は必要ということで、村が、全区画とも広さや墓石の大きさなどを統一した上で、墓地公園を造成・

分譲しました。大方の入植者はこれを希望し、村がその管理を続けています。なお、火葬場は村にはなく、周辺市町村の施設を利用させてもらっています。

《トピックス⑪》男澤さんと長瀬さんは忘れられない

過剰作付けという言葉を聞けば、最初に思い出すのは、男澤泰勝さんと長瀬毅さんです。この二人は当初から、「国の言うことを聞く必要はない」という見解でした。

私は、男澤さんとは10回以上、面談し、話し合いしました。最初の1年~2年目くらいまでは是正し、国の指導に沿ってくれましたが、その後は弁護団も付くようになり、強固な反対の姿勢となりました。私は「村長として、国の考え方を正確に伝える役目があるので聞いてもらいたい。国は買い戻しをやると言っているので、もしそうなってしまえば土地は戻ってこないと思うから、考えた方がよいのではないか」と繰り返し言ったものです。彼は、「村長は仕事で言っているのだから、それはそれでいい。しかし、私は、弁護士と相談しているし、弁護士は『必ず勝つ』と言っているから、戦う。村長、私に構わないでくれ」ということでした。以後は、同じ繰り返しでした。

長瀬さんには、3回くらいより面談できませんでした。彼は、とにかく人と会わないようにしていました。「国の言うことを聞く必要はない」の一点張りで、私たちの話は全く聞く気になってくれませんでした。

私には長瀬さんについて、別の思い出があります。私が第2回目の村長選挙に立候補したとき、長瀬さんとの一騎打ちだったのです。そのときの私の公約の一つに、桜の木を植栽し、並木の村をつくる構想があったのです。これに対し、長瀬さんは、街頭演説で「桜並木構想はよいことだ」と褒めてくれたのです。対立候補の公約を褒めることは珍しいのです。長瀬さんの一面を表していると思います。

私は、この二人と交渉する頃は、昔の成田空港の用地買収反対の成田闘争の闘将を連想しました。それほど強固でした。他の多くの過剰作付け者は様々な理由を述べて、自分たちの正当性を主張するのですが、この二人は細かいことは言わないで、「私はどこまでもやる」なのです。振り返ってみれば、この二人が過剰作付けを先頭になって引っ張り、他の人たちはその後についていったのでした。そして、その結果、この二人だけが農地を全部国に取り上げられたのでした。そして、いつの間にか、二人の姿は大潟村から消えて、どこにいるのか、最近は話題にもならなくなっています。

私はなぜか、寂しい感じもします。二人と私とは、世間から見れば、当時は正反対の立場であったのに、何故こんな気持ちになるのか不思議です。

二人が入植者としての土地を取り上げられたとき、多くの過剰作付け者の仲間で二人を助ける運動が起きるだろうと思っていました。どんな方法だろうか。入植者の半数近くが参加した運動の先頭に立った二人です。「二人を助ける方法は、やればできないことはない気もするし……」と思っていました。しかし、助ける動きは起きませんでした。静かに国の買い戻し手続きが進んでいったのでした。

この運動は連帯による運動でなく、個の運動だったのか。今になって考えても、よく分からないと言うよりありません。

《トピックス⑫》
産直センター、温泉に続き、グラウンド・ゴルフもブームに!!

大潟村が産直センターと温泉開発の先頭を走ったことは前にも述べましたが、実はもう一つ、専用のグラウンド・ゴルフ場が秋田県内で一番早くできたのも大潟村でした。

1991（平成3）年頃と思いますが、大潟村社会福祉協議会会長の伊藤栄二郎さんが来て、「村長、いいものがあるから来て欲しい」と言われ、行ってみたら、芝生と松林のある役場横でした。「これが新しいスポーツ、グラウンド・ゴルフだ」と、伊藤さんは、ルールや用具を教えてくれました。

30分くらい玉を打ってみて、「これは面白い」と感じました。芝生でも松林の中でも、それぞれ違う味がありま す。何よりもすべてが自分の責任でやるスポーツ。当時盛んだったゲートボールに比べてもはるかに楽しいスポーツになると直感しました。私は以前からゴルフをやっていたので、これはどんどん普及するだろうと思いました。

そこで早速、伊藤さんたちと相談し、全国の協会によって公認されるコースの条件を勉強し、1992（平成4）年にオープンしました。予想通り好評で、大変繁盛しました。

この頃、南秋田郡町村会で首長たちが懇親会をしている最中に、ある町長さんが「大潟村長が変わったことをするおかげで、町民から責められて困る。『グラウンド・ゴルフ場を造ってくれ。人口3000人の村でできるものを2倍も3倍も人口の多い我が町でできないはずはない』と。答弁に困るし、あまり変わったことをしないでくれよー」と、ジョークまじりに発言し、他の人たちも「そうだ、そうだ」と言って大笑いしたことがありました。それほど人気があったということで、結果的に、周辺の市町村はもちろん、全県的に普及したのでした。常設の産直センター、温泉に続いて、グラウンド・ゴルフ場と、秋田県内に大きな影響を及ぼすことができたことを今でもうれしく思っています。

大潟村のグラウンド・ゴルフ場は、オープン以来、年間平均約2万人の入場者数です。秋田県内の一般のゴルフ場と同程度なのです。グラウンド・ゴルフは、今ではすっかり世の中に定着し、高齢者スポーツの中でも最もメジャーな種目になっていると思います。

ところで、温泉のときは、大潟村が掘削した後に、国が「ふるさと創生1億円」として全国一律で自治体に1億円を交付したこともあり、他の多くの市町村でも温泉開発が実行されました。大潟村にも視察者が多かったのですが、村は事業内容をすべて公開しました。

その視察者の中の一人が、私の郷里八竜町の町長・佐藤亮一さんでした。佐藤さんは、地元の農協の組合長から八竜町長4期、その後、合併した三種町の町長1期、通算5期を務めた人格者です。私としては喜んで協力させてもらいました。温泉とグラウンド・ゴルフ場もセットされました。

その佐藤さんが、秋田県町村会の広報に「先見の明」と題して、以下のような所感を掲載されました。私は、入植前、佐藤さんたちと青年会活動に熱を上げたものです。昔からの親友に持ち上げてもらい、友の優しさを感じています。60年も前からの友と今でも同じような気持ちでやり取りできることの幸せを感じています。

＊＊

「先見の明」（町村長随想）

八竜町長　佐藤亮一

「先見の明」、辞書には、先のことを見抜くすぐれた見識とある。若い頃から憧れている言葉である。先見の明を評価されている人とは――その背景に想像される夢と情熱、決断力などから理想的なリーダー像が見えてくる。私にはあくまで理想でしかないが、首長にとって最も必要な要件かも知れない。

先見の明ですぐ思い浮かぶ事例を述べてみたい。（略）

大潟村長宮田さんの温泉開発。この計画が報道されたのが平成元年ごろ。（略）当時私は農協組合長だったが、どうも納得しかねた。全家庭にフロが普及しているのに、あの平坦な水田地帯のど真ん中に温泉をつくってどうなるの？　隣村のことだけに心配もした。

さて「ポルダー潟の湯」としてオープンしたのが3年2月。早速出かけて入館料300円也を払って入ったものの、すごい混雑だった。それから3カ月後、半年後と通ったがいつもの繁盛ぶりで、館内は和やかでくつろいだ雰囲気が満ちていて、別世界の感じがした。何よりも驚いたのは八竜町民の多さであったが、異口同音に「八竜でもこんな温泉をつくればよいのにー」と語り合う姿を見て話の輪に入った。常連客たちは、ただ入浴するだけなら自宅のフロで十分だと云う。にも係わらずこれだけの利用者があり喜ばれているのは、広い温泉浴槽や多人数の触れ合い、家族やグループでにぎやかに飲食できるのが最高の魅力だと云う。家庭で味わえない開放的なムードの中で心も体もリフレッシュする「憩いの場」を求めているのだと初めて納得した。それまで気付かなかった自分の愚かさを恥じるとともに宮田さんに心の中で詫びた。

それから色々あって4年3月に町長就任。公約に温泉開発を入れるのは忘れなかった。ただ本町の「ゆめろん」は砂丘の高い場所を選んだのが、ささやかな対抗心であったと思う。

ところで宮田村長の今期限りの引退を発表されたのには驚いたが、さわやかな引き際も先見の明だと思う。心からこれまでの労をねぎらいたい。（略）

＊＊＊＊＊＊＊＊＊＊＊＊＊＊＊＊＊＊＊＊＊＊＊＊＊＊＊＊＊＊＊＊＊＊＊

《トピックス⑬》

日本一低い「大潟富士」誕生

１９９３（平成５）年頃だと思うのですが、秋田県測量協会の初瀬武美会長が「村長に提案がある」と来庁しました。

「仙台で協会の東北の会があり、その後のパーティーで、大潟村に山を造って『日本一低い富士山』とすれば面白いという話が出たので、やってみませんか？」ということでした。

早速、私は「それは面白い。検討しましょう」と答えました。

山の頂上を海抜０ｍとすれば、これ以上低い山は出現しないことになるし、文字通り日本一低い富士山になる。面白い。名前は「大潟富士」だということになりました。

その位置については、最初は役場前がよいと考えたのですが、実測したら、山頂までが地面から１ｍくらいよりならないので、「これは『山』とは呼べないだろう」ということになりました。

そこで、改めて場所探しをしたのですが、最終的に、現在地のみゆき橋の近くがよいだろうということになりました。そこは、昔の湖では一番深い方の場所で、頂上まで（海抜０ｍまで）は４ｍ近くあり、「富士山の１０００分の１くらいにすれば丁度よい」ということになりました。

ところが、工事発注してしばらくしたら、問題が起きました。土を盛っても沈んで、目標の高さにならないとのことでした。地盤がヘドロなので、盛土の重さで沈下し、横の地面が膨れ上がってきて駄目だというのです。

そこで「ある程度期間を置き、落ちつかせてから盛ってみよう」ということになり、工事を休み、再びやったのですが、結果は同じでした。「これでは山造りは無理」ということで、「断念するか」との話もあったのですが、「何か他の方法がないか考えよう」ということで、工事を中断したままにしました。

しばらくしたあるとき、私はふと、発泡スチロールの魚箱に着眼しました。「あれの成形したものを使えないか」と思いついたのです。それを専門家に相談したところ、「やってみよう」ということになりました。

最終的に、成形した発泡スチロールの箱を積み上げ、その上に土をかぶせて山らしくして仕上げたのが、今の「大潟富士」となったのです。山開きは1995（平成7）年8月11日でした。この間、測量協会からも大変協力をいただきました。佐々木知事も揮毫して下さいました。

その後は、沈下せず、安定した高さを保っています。高さ3・776m（富士山の1000分の1）、頂上が海抜0mです。

今でも、大潟富士は大変な人気で、備え付けてある登山者名簿には、多くの人たちが記帳してくれています。本家の富士山は世界遺産となりましたが、「(低い方での）日本一の富士山、大潟富士」の方にも誇りを持って見守っていきたいものです。

【追記】 正式には、海抜0m以上でなければ「山」とは言わないそうですが、ここでは「パロディ風に考えましょう」ということです。あしからず!!

閑話休題⑧：防風保安林指定

大潟村には防災林が計画的に配置されています。約454haもあります。かなりの面積です。

しかし、松林の間伐、ポプラの倒木処理、田んぼへの被害防止など、年々木々の成長と共に、その管理費が増大してきていました。そうした折、親戚に県庁の林政課に勤めている者がいたので、「何かよい方法がないか」と相談したら、「調べてみる」と言って出てきたのが、県の防風保安林の指定案だったのです。

国の保安林に指定されると、ほとんど元に戻すことは不可能なほど厳しい規制があるのですが、県の保安林であれば、特段の事情がある場合には一部解除もできるということでした。

そこで、これをヒントに手続きを進め、県の保安林に指定してもらったのです。指定面積は368haくらいで、1995（平成7）年12月5日に指定されました。ただし、総合中心地など、今後、土地利用の変化も予想されるところは除外しました。

おかげ様で、368haの管理はすべて県予算で行われることになり、通常の間伐や管理、台風、倒木処理などは、県が実施してくれています。

その後、2001（平成13）年から、県道船越線から新しい防災林として落葉樹を植栽しています。最近では、それが間伐段階に入り、防風雪の効果が高まってきています。そのおかげで、村としても、負担が大幅に少なくなりました。

それにつけても思うことは、「防災林も排水が命」ということです。深く掘った明渠も今は浅くなり、桜の木も排水の悪いところから弱くなってきています。最近植えた木も含めて、すべて木は排水が命であることを、忘れないで欲しいと願うばかりであります。

《トピックス⑭》もし農地配分方法が異なっていれば……

私たち（第3次入植者）が入植訓練所に入ってまもなく、事業団からアンケート用紙が配布され、次のような選択肢についての意見を調査されました。それは農地の配分方法についてでした。

A　農地を国から買い取り、自分の農地として営農したい。
B　自分の土地でなくとも、国が長期に貸してくれるのであれば借りて営農を続けたい。

その際、オランダにおける干拓事業の場合、「国は、入植者に営農開始後、数年間農地を貸し付けることとし、その後、国が適切と認める人に農地を売り渡す」という「2段階方式」を採っているということを口頭で説明されました。これは、「入植が認められた個人に入植地での営農開始前に農地を売り渡す」という大潟村で採られた方式とは異なっています。

それはともかく、そのような説明を受け、「どちらを希望するか、○印をつけて下さい。これはアンケートです」と言われ、回答したのでした。

後になって、その結果を聞いたら、借地（オランダ方式（2段階方式））の方がよいと回答した人が過半数であったということでした。

しかし、その後、このアンケートはほとんど話題にもなりませんでした。

国は、極めて当然のように、入植者に営農前に売り渡す手続きをし、我々も1次、2次もすでに実施していることなので、当たり前のこととしてそれにならってきたのでした。

しかし、考えてみれば1次入植で売り渡す方針が実行されていて、なぜ3次入植者にアンケートをとる必要があったのでしょうか。不思議なことでした。ですが、あれから50年余の月日がすぎ、村で起きた過剰作付け問題などを考えるとき、ふと、「もし、あのとき、オランダ方式で農地配分していたらどうなっていただろうか？」と考えます。

大潟村の生産調整の歴史をふり返れば、最初の年と最後の年は100％達成しているのです。途中から村内が二分し、争ってきましたが、「もしオランダ方式であったら、ここまでの争いにはならなかっただろう」とも考えます。いまさら何を言っても手遅れですが……。

現在の社会でも、日々、大きい事業や政策が新しくスタートしています。その際、特に政治や行政が関与する度合いの強いものほど、計画策定段階（立法段階も含めて）から、あらゆる角度からの綿密な検討をすることが極めて重要だと思います。

なぜなら、政治・行政がらみの場合、スタートすれば、万全な計画だとする立場で進められるため、仮に途中で欠陥や不備に気づいた人がいても、表面に出ずに終わることが多いからです。それは責任問題を回避したいからです。そのまま押し通していくことが問題を複雑化し、ドロ沼化して、結局は、その政策や事業の評価を下げることになると思うからです。

閑話休題⑨：講話条約と八郎潟干拓

八郎潟干拓の理由は、当初は、「第1に、米不足を解決するため。第2は、次男・三男対策のため」と言われていました。訓練所では、大規模で機械化された効率のよい農業を実現し、日本農業のモデルとなるような村を目指すものとして1年間、訓練を受けました。その間のウラ話として石田博英代議士が「講話条約と関係がある」と言っているとの話を聞いたことがありました。しかし、正式なあいさつなどでは聞くことはありませんでした。

しかし最近、アメリカで古い文書が公開され、秋田魁新報（2016（平成28）年12月25日）はこれを元に、「吉田茂首相がオランダに講和条約に参加してもらうよい方法を探していたところ、八郎潟干拓工事での指導を提案した人がおり、首相も喜んで進めた結果、オランダも納得し条約が無事締結された。これにより、長い間干拓計画が日の目を見ないでいたものが一気に着工することになった」という趣旨のことを報じたのでした。

入植した我々は、当初の理由に夢と希望を抱いてきたのですが、日本国にとって最も重大であった敗戦処理の講和条約締結にこの八郎潟干拓が重大な役割を果たしたとすれば、さらに意義深く、誇らしくさえ感じます。国の命運を左右する際の切り札であったこの干拓の村の、今後の行く末を国民もまた関心を持って見守ることであろうし、我々、村民もなお気を引き締めて生きていかなければと思うこの頃です。

《トピックス⑮》
皇室との出会い

大潟村と皇室との関係は特に深いものがあると思われます。下記の**【参考】**の通り、村誕生当初1969（昭和44）年から2013（平成25）年まで44年の間に11回も御来村いただいております。

日本の国策によるモデル農村を目指した新生の大地・大潟村に、その時々に期待とお励ましのお言葉をいただき、私自身、その重さを感じ、厳粛な気持ちになりました。このことは、日本政府と国民の期待が背景にあることでもあり、我々大潟村村民は並々ならぬ使命と責任感を持って歩まなければならないことを教えているのだと思います。

私個人としては、入植前に皇室との出会いの機会がありました。22歳のときのことです。当時「NHK青年の主張全国コンクール」という青年の意見発表会があり、私は第7回大会に参加し、東北地方代表で全国大会に参加したのでした。この大会には毎回当時の皇太子殿下御夫妻（後の平成上皇、皇后陛下）が発表を聞いて下さるのです。その終了後、NHK内の別室で両殿下とお話しする機会もあり、緊張で言葉がうまくつながらず、冷や汗状態だったことを思い出します。

その後の節目の大会にも、私は先輩として招待され、参加をしました。その都度、両殿下とお会いし、会話することがありました。これもきっと大潟村の村長だからだろうと考えていました。いつも、「その後、村はどうなっていますか？」と聞かれ、私は村の写真などを持参し、説明しました。

その後、1997（平成9）年10月15日には、私たち夫婦は園遊会（赤坂御苑）にご招待を受けました。ありがたい気持ちで参加し、初めての珍しい光景が見られることを楽しみに並んで待っていました。

事前に注意があり、「皇族には話しかけないこと。皇族から話しかけられた場合だけ答えて下さい」とのことでした。皇族の方々は、天皇陛下を先頭に、一人ずつ10ｍくらいの間隔でゆっくり進んでいらっしゃいます。静かに待っていると、右側から左側に進む園の歩道ですが、私の右側の人の前で立ち止まり、話しかけられたのです。注意深く聞いていると、陛下は、「大変な事故でしたね」とお言葉をかけていました。相手の人は、北海道でトンネルの中で落盤があり、バスがつぶれ、大事故にあったバス会社の会長さんでした。私は隣に止まったので通過されていくものと思っていたら、陛下は、私の前でも止まり、「大潟村ですね。その後はどうしていますか」と言われたのです。胸の名札を見てお声をかけて下さったと思いますが、ビックリしました。

慌てて「お陰様で少しずつ落ち着いてきています。作柄も安定してきています」と言ったように思います。妻の洋子も隣で驚いた様子でした。

ゆっくり汗を拭く間もなく、次の皇后陛下がまた私の前で止まり、話しかけて下さったのです。「どうしていますか？」という感じで。私は「お陰様でよくなってきています」と答えました。妻にも話しかけて下さり、洋子も懸命に会話をしていました。

次は皇太子殿下（現・天皇）の番ですが、「もうないだろう」と思っていたら、殿下も立ち止まり、話しかけて下さったのです。「大潟村に行ったときはお世話になりました」と言われました。１９９２（平成４）年に来村されたとき、ご案内をしたことがありましたので、そのことだったと思います。私も少し落ち着いてきていましたので、村の状況をもう少しだけ詳しく説明いたしました。

その後、三笠宮寛仁殿下の妃殿下の信子様が妻洋子に話しかけて下さり、「ずっと以前に能代市に行ったことがあります。ずいぶん遠かったと記憶しています」と話され、洋子は、「今は飛行機で1時間で行けます。どうぞまたおいで下さい」と答えたら「ありがとう」と言われました。

とにかく特別な緊張でした。天皇陛下、皇后陛下、皇太子殿下、3人続けて立ち止まりお話しかけて下さったことは何を意味しているのか。私は考えました。

やっぱり「大潟村だから」以外にないのです。それほど大潟村が注目され、期待され、心配もされているからではないかと、つくづく感じました。

社会的な使命とはこうした形で現れたのかと感じ、大潟村村民の責任の重さを痛感すると共に、ここまで心にかけて下さっていることをありがたく、感謝の気持ちでいっぱいでした。

【参考】

① 1969年（昭和44年）8月27日
天皇、皇后両陛下（昭和天皇）が行幸啓

② 1970年（昭和45年）10月28日
皇太子殿下御夫妻（平成天皇）が初の御来村

③ 1972年（昭和47年）7月18日
三笠宮寛仁殿下が御来村

④ 1973年（昭和48年）5月11日
常陸宮御夫妻が御来村

⑤ 1976年（昭和51年）10月4日
三笠宮御夫妻が御来村

⑥ 1992年（平成4年）8月27日

皇太子殿下（今上天皇）が平成初の行啓

⑦ １９９９年（平成11年）８月29日（他に２００３（平成15）年、２００９（平成21）年にも御来村）

桂宮宜仁親王が御来村

⑧ ２００７年（平成19年）10月７日

常陸宮御夫妻が御来村

⑨ ２０１３年（平成25年）７月27日

秋篠宮御夫妻が御来村

《トピックス⑯》

金足農高野球との出会い

私が大潟村村長に就任して2年後（42歳）頃だったと思いますが、母校の金足農業高校の校長先生、矢田部省治さんから電話がありました。私としては全く初めて会話する方なので、緊張しながらお話を聞きました。内容は、「大事な相談があるので、学校に来てもらいたい」ということでした。

後日、母校に出向いたら、校長先生は、「金農の野球を甲子園に出場させたいが、現状はあと一歩まで行くものの、その上へ突破できないでいる。私は、是非甲子園出場を実現したいので、宮田さんにお願いがあります。野球部を応援する本格的な野球部後援会を新しく作り、宮田さんに会長を引き受けてもらいたいのです」ということでした。

私は、「まだ若いし、先輩も沢山いるし……」と言ったら、「あなたにお願いしたいのですから」とおっしゃるのでした。私は、「甲子園出場は全同窓生の悲願であり、その趣旨は大賛成です。私でよいのであれば頑張ります」と答えました。

その後すぐ、校長先生、当時の野球部監督の嶋崎久美監督、同校同窓会の今野勇さん他数人に私も加わり、具体的な会の内容や手順の案を作り、1981（昭和56）年6月に、金足農高体育後援会を発足させたのでした。学校、同窓会、野球部ＯＢ会、親の会、ＰＴＡなど幅広く参加してもらい、初代会長には私がなりました。

校長先生の声掛けによる本格的な後援会の発足により、悲願達成しようと盛り上がりをみせ、活動が活発になりました。嶋崎監督もさらに力が入るし、学校全体一丸となっていきました。

「3年計画で甲子園へ」という目標でスタートしたのでしたが、3年目の春の選抜甲子園大会に初出場を果たしました。予想以上に極めて順調に甲子園に初出場することができたのでした。

そして、その年の夏の甲子園にも出場し、準決勝まで行きました。相手はＰＬ学園です。惜敗はしたものの、我々金農関係者に限らず、全国の多くの人々にも感動、感激を与えてくれました。

後援会を作り、みんなで盛り上げてきたのですが、私なりに分析すると、この最大の功労者は矢田部校長先生だったということです。リーダーが明確な目標を掲げて大きく旗を振ることがいかに重要かを、教えているものと思います。

ところで、春の選抜出場決定の報告は矢田部校長先生から電話で受けたのですが、矢田部先生は、大会前に発表された人事異動で他高校の校長に転出となってしまいました。せっかく努力し目標達成したのに、どんなに残念だったことか。その悔しさは、本人も我々も同じでした。選抜から帰ってから、私たち幹部で矢田部先生を招待して、報告会をやり、勝利の乾杯をし、心から喜びあったことを思い出します。

その後も関係者の努力で甲子園通算出場8回を重ねて、県内でも金農野球部は一定の評価を得ていきました。ところがいつの頃からか、次第に目立った活躍ができなくなっていました。

しかし、それが再び２０１７（平成29）年頃から変化が出始め、ついに２０１８（平成30）年の夏のドラマにつながったのでした。秋田県大会で堂々の優勝。甲子園では名門校を次々と撃破しついに準優勝。全国に金農フィーバーを起こしたのです。金農90年の歴史に輝かしい金字塔を立ててくれたのです。

「後輩たちよ、よくぞやってくれた。感動をありがとう。ご苦労さん！」

心から彼らを褒めてやりたいと思います。彼らを褒めるのは、野球の技術だけではないのです。試合を通じて伝わってくる彼らの魂や絆や無心さを含む一体感が、感動を与えるのです。涙が溢れました。私は、今、この文章を書きながら泣いています。

今の社会風潮の中では、地味で実直な農業高校ですが、実は、聖農石川理紀之助翁の「寝ていて人を起こすことなかれ」の教えを受け継いだ秋田県立金足農業高校なのです。創立以来のこの魂がどこかにあり、かすかに伝ってきて、今、90周年の年に後輩たちの野球チームを通じて、世間の人の琴線に触れる現象を起こしてくれたのではないかと考えたり、また、そうであってほしいと願っているものです。失いかけていたこの金農魂を気づかせてくれた後輩たちに感謝しています。

注目すべきは、今回の出来事はごく普通の子供たちがやったことだということです。普通の大人もできることを教えてくれたのです。近年元気のない秋田県民から、「子供たちがあれだけのことをやってくれた。次は、我々、大人の番だ」という声をあちこちで聞きました。子供たちから尻を叩かれたのです。

「ボーっと生きてんじゃねーよ!!」と言われないよう、私も改めて肝に命じた次第でした。

《トピックス⑰》
我が家の歩み

私は4代目です。初代・宮田乙次郎は、分家した小規模な米農家でした。

2代目・忠治は、婿入りで、大工でした。その後棟梁となり、村々の大きな家や蔵の建設をまかされるようになったそうです。私も小学校の頃、隣町の大きな家を解体したら「棟梁　宮田忠治」の木札が出てきたという話を何回か聞きました。この代に田を買って面積を増やしたようです。

3代目が私の父・正男になりますが、父は、進学希望もかなわず、村の郵便局に勤め、その後、村役場に勤めているうちに、肺結核になりました。自宅療養の後、国立の療養所に入り、私が中学1年のとき、死亡しました。そのため母が中心に農作業をやり、年雇いの若者一人と家族で田畑を守って、我々姉弟を育ててきました。長女、次女、私が長男で3番目、次男、三男、四男の6人姉弟です。

私の住む集落は300戸くらいですが、その中で3〜4番目くらいに多い田畑（3・5haくらい）を耕すのですから大変です。母はとにかく働き者で有名でした。働かなければやっていけなかったからです。

私は、金足農業高校を卒業後、すぐ農業を任されました。その後、青年活動や村議会議員活動をやっているうちに、「現状の規模では今後は大変だ」と感じるようになりました。ちょうどその頃、「八郎潟を干拓し、日本のモデル農村をつくる」ことが報じられたのでした。私にとってこの話は大変魅力的でした。

妻・洋子は賛成でしたが、母は反対でした。「いまの家ならまだやっていけるだろう」という意見でした。親戚も反対でした。私は母と妻を連れて、第1次入植者の田んぼを見に行きました。そしたら、母はすぐ、田んぼの土を素手で掴んで握りしめていました。そして言ったのです。

「この土は米ができる土だ。いい土だ」。

それが決め手でした。

入植してからは、洋子との二人三脚でした。洋子の実家は、製材業、りんご園、養豚、水田をやっていましたが、入植前の我が家の田畑の仕事は、洋子にとって初めてのことばかりでした。それでも愚痴も言わず、明るく、けなげに努力する姿に、私は、難儀な仕事をさせて申し訳ない気持ちで見ていました。入植してからは、農作業の手順も変わったので、洋子の仕事は家庭を守ることに移っていきます。

母も病弱になり、子供たち3人を育てながら、当時、村づくりの初期に誕生した各種の女性の会や、趣味の会に参加し、だんだんその活動の幅も広くなっていきました。

私は、と言えば、振り返れば選挙ばかりやっていたことになります。入植前八竜町の議員の選挙2回、入植後大潟村農協の理事選に5回、組合長選4回、大潟村村長選に6回、25才から57才までの32年間で合計17回の選挙をやったことになります。平均1・88年に1回ずつ選挙に立候補してきたことになります。結果は、全部当選でした。今になって思えば、どうしてこんなに出たのか、と思われますが、当時の心境は黙っていられないというか、乗りかかった舟というか、やらざるを得ない心境が続いていたように思います。

私は61歳で引退しましたが、「まだ若いし、次の道を」との声もありました。しかし、私の率直な気持ちとして、「金属疲労」に表現される疲れがあると自覚していました。

そうした30年の選挙生活の中で、妻・洋子の働きは、極めて大きかったです。大潟村は入植者が男性なので、当初は男性中心で物事を決めていく状況にありました。しかし、だんだん女性がどんな考えでいるかを知ることが重要なのだということを、洋子の活動の中から学ぶことになりました。

私は重要な問題について、提案する前に洋子に相談することがしばしばありました。すると、洋子は、女性目線の意見を言ってくれます。そして、「女性の雑談の中に本音があるし、このことは大事なことだと思う」と言うのです。時には村の方向を左右する重要な情報をキャッチしてきました。その能力はすごいと感心したものです。

洋子との二人三脚あってこその道のりでした。そして私84歳、洋子81歳、今もまずまずの元気さで共に暮らせることに感謝し、幸せを感じています。

あとがき

私は、今年で84歳になりました。31歳で入植して以来、53年という年月が過ぎたことになります。入植以来、ほとんどが初めての経験で、困難な問題の数々。それを乗り越え、曲がりなりにも私がここまでこられたのは、大きな理由があったと思います。それは、私が、多くの信じ合える仲間・友人の輪の中にいたということです。

ある人は同志として、また、ある人はブレーンとして、私を懸命に支えてくれました。お互いに共感し合える最高の仲間。彼らに囲まれ、支えられたからこそ、私はここまでやってこられたのです。この本をまとめながら「感謝の気持ちが体内から沸きあがってくる」感覚をどうしても抑えることができませんでした。

特に、村長選挙で「宮田せいきと共に歩む会」をつくり、22年間連続で後援会長を引き受けて下さった藤江清さん（2次入植、岡山県出身）、責任者を何回も務めて下さり、「元老」と言われた田中修一さん（1次入植、三重県出身）のお二人には、格別のご恩を受けました。お二人は、多くの人から尊敬された人格者でした。

もちろんお二人だけではありません。あまりにも多くの方々にご恩があるので、これ以上個々のお名前を挙げることはできませんが、この場を借りて、お世話になったすべての方に心より感謝申し上げたいと思います。

本当にありがとうございました。

よく応援し、激励し、助けて下さった皆様は、必ずしも私個人のためだけにそのようによくして下さったわけではないと私は考えています。むしろ「大潟村の村づくりを失敗して欲しくない」、「国策の八郎潟干拓と村づくりの成功を期待している」など、要するに大潟村の先行きを心配下さっていたからこそ、私を応援して下さった方も少なくないのではないか。そう考えないと、とりわけ村外の方々（歴代県知事、周辺の市町村長、農林省関係者など）がなぜあれほど応援して下さったのかということが、説明がつかないと思うのです。このことは逆に言えば、心配し、応援せざるを得ないほど、私たちの村づくりが危ういものであったということを意味しています。まさに赤面の至りです。しかし、それが当時の私たちの精一杯の姿だったのです。

本書で述べてきたように、村の混乱した状況の中で、私は、その都度、自分自身の「モノサシ」で判断をしてきました。その「モノサシ」は、私がこの世に生を享け今日に至るまで心の中で育んできたものです。

本文でも述べましたが、私は、自分の「モノサシ」が正しく、他者の「モノサシ」が間違っていたなどと主張するつもりはありません。

ただ、ここで言いたいことは、何が正しいのか間違っているのかが判然としない中で、私を含め、それぞれの村民が自分なりの「モノサシ」を持って判断し、懸命に行動し、それによってこの村の歴史が形成されていったということです。だからこそ、その歴史から学べるものは少なくないのではないかと思うのです。

次代の大潟村村民が、入植者の歴史よりもっと素晴らしいものを作り上げようとするならば、是非、村の歴史を振り返り、十分に分析・検討して欲しいと思います。そして、それに基づいて、人間の本性を見抜いた計画案を作成することこそ、「転ばぬ先の杖」となるのではないか。私はそのように考えています。よりよいものを求めるために、大潟村の草創期の歴史が少しでも参考になれば幸いです。

末筆になり恐縮ですが、本書の出版にあたり、アドバイスをいただいた嶋田暁文先生（九州大学大学院法学研究院教授）には、心から感謝とお礼を申し上げます。先生は以前から大潟村の歴史に関心を持ち、研究されてきました。嶋田先生を中心とした研究グループの皆さんは継続的に大潟村の動向をフォローして下さっています。以前出版された私のヒアリング記録（宮田正馗ほか『ゼロからの自治―大潟村の軌跡と村長・宮田正馗』公人社、２０１２年）をまとめて下さったのも嶋田先生でした。私は、先生の見識の高さとバランスのとれた物事のとらえ方に対し、以前から尊敬申し上げておりました。その先生から執筆・出版にあたり大所高所からの客観的なご意見を賜ることができたのは、私にとって、この上なくありがたいことでした。この場を借りて、重ねて心より御礼申し上げたいと思います。

２０２２年10月

宮田正馗

年表　大潟村内及び宮田正馗に関するできごと

大潟村内のできごと □
宮田正馗に関するできごと □

年月日	できごと
1938年10月9日（昭和13年）	秋田県山本郡八竜村（現三種町）で農家の長男として誕生
1957年3月（昭和32年）	秋田県立金足農業高等学校卒業、卒業と同時に農業を継ぐ
1961年1月（昭和36年）	NHK「青年の主張」に東北代表として全国大会に出場
3月	八竜村連合青年会長
5月	八竜鵜川農協青年部長、秋田県連合青年会常任理事
1964年4月（昭和39年）	八竜村議会議員（通算2期）
5月	八竜村農業委員
10月1日	大潟村発足（村長執務執行者に嶋貫隆之助氏） 秋田県庁内に役場を設置（人口6世帯14人）
1965年8月2日（昭和40年）	八郎潟新農村建設事業団発足
1966年9月1日（昭和41年）	秋田県農協連大潟村総合事務所を訓練所内に開設
11月10日	入植指導訓練所・第1次入植訓練生入所式
1967年11月（昭和42年）	第1次入植者入村（56名）
11月25日	大潟村新村建設協議会を結成（会員56名、初代会長に津島信男氏）
12月1日	秋田県農協連大潟村総合事務所が完成移転
12月26日	総合中心地に役場庁舎が完成移転
1968年3月1日（昭和43年）	大潟村村政審議会を設置、審議委員7名を委嘱（初代会長に津島信男氏）
6月28日	大潟村消防団結団（団員15名、初代団長に児玉邦男氏）
11月1日	カントリーエレベーター1号基完成 大潟小・中学校入校式を挙行（小学校6学級52名、中学校3学級17名）
11月	第2次入植者入村（86名）
1969年8月2日（昭和44年）	秋田県農業大博覧会（八郎潟会場）を開催（～9月25日）
8月27日	天皇・皇后陛下（昭和天皇）行幸啓
10月	大潟村入植（第3次）
11月	第3次入植者入村（175名）
1970年3月23日（昭和45年）	八郎潟カントリーエレベーター公社を設立
9月29日	大潟村農業協同組合を設立 初代組合長に松本茂氏が就任
10月28日	皇太子御夫妻が初の御来村
11月	第4次入植者入村（143名）
1971年3月10日（昭和46年）	大潟中学校舎が完成
5月	大潟村農協組合長（通算7年余）
1973年4月26日（昭和48年）	秋田県立農業短期大学が開校（5月30日に竣工開学式を挙行）
8月22日	大潟土地改良区を設立

1974年4月4日（昭和49年）	第5次入植者訓練開始、11月入村（120名）
5月11日	商店5店舗が開業（総合食品・精肉・鮮魚・日用雑貨・飲食）
1975年2月20日（昭和50年）	商店3店舗が開業（理容・美容・衣料）
8月	この年から1戸当たり15haの農地で田畑複合経営を開始となっていたところ、前年秋に食糧庁・秋田食糧事務所長から大潟村農協にモチ米2・5haの追加作付けの依頼があった。準備を進めていたが春になって農林本省からモチ米の作付けを認めない旨通告。農協は撤退したが、結果的に一部に青刈り問題が発生した
12月11日	全国花いっぱいコンクールで農林大臣表彰
1976年1月24日（昭和51年）	稲の作付け上限面積が戸当たり8・6haとされる
3月24日	村議会議事堂が完成
9月5日	設置選挙（村長・村議会議員選挙）を執行（初代村長に嶋貫隆之助氏と村議会議員16名が当選。任期は2年）嶋貫・1116票、小沢・727票
9月5日	初めての村議会を開催（初代議長に津島信男氏を選出）
10月21日	農業委員会を設置（委員14名、初代会長に田中修一氏を選出）
10月27日	八郎潟新農村建設事業完工式
1977年4月1日（昭和52年）	八郎潟周辺保健体育施設組合を設立
6月	㈱八郎潟カントリーエレベーター公社取締役社長

1978年3月31日（昭和53年）	八郎潟新農村建設事業団が解散
8月	稲の作付け上限面積をめぐり、青刈り問題発生
8月6日	第2回村長・村議会議員選挙（村長に宮田正馗と村議会議員16名が当選。任期は2年）宮田・968票、小沢・846票
9月5日	2代目議長に佐々木悦雄氏が就任
9月	秋田県農業共済組合連合会理事、大潟村村長（1期）、大潟村ほか2町衛生処理組合管理者、男鹿地区消防一部事務組合副管理者
11月	㈱八郎潟カントリーエレベーター公社監査役
11月25日	大潟神社完成、大潟神社奉祝祭
12月	方上地区入植者入村（9名）
1979年8月10日（昭和54年）	男鹿地区消防署大潟分署・防災センター完成
1980年8月23日（昭和55年）	第3回村長・村議会議員選挙（村長に宮田正馗と、村議会議員16名が当選。これ以降は任期は4年となる）宮田・1349票、長瀬・551票
9月5日	3代目議長に佐々木悦雄氏が就任
9月	大潟村村長（2期）
1982年2月1日（昭和57年）	新水源（方上地区正面堤防からの浸透水）から給水を開始
1983年5月26日（昭和58年）	日本海中部地震（マグニチュード7・7）が発生、堤防・道路・農業施設等に甚大な被害
1984年4月（昭和59年）	村創立20周年記念並木の村構想事業を実施（昭和63年まで桜・梅・イチョウ計6600本を植栽、約23㎞にわたる並木が完成）

8月1日～5日	全国高等学校総合体育大会（インターハイ）漕艇競技大会
8月26日	第4回村長・村議会議員選挙（村長に宮田正馗と、村議会議員16名が当選）宮田・1103票、松本・883票
9月5日	4代目議長に石井俊光氏が就任
9月	大潟村村長（3期）
1985年3月31日（昭和60年）	稲の作付け面積が条件付きで10haに拡大
9月	秋田県町村会農林商工委員長
10月7日	食糧事務所・秋田県が不正規流通米取り締まり（12月25日まで）
1987年5月30日（昭和62年）	稲の作付け上限面積が条件付き12・5haに拡大
6月	秋田県町村会監査委員
8月	秋田県国民健康保険組合連合会副理事長
1988年5月（昭和63年）	南秋田郡町村会長
8月26日	第5回村長・村議会議員選挙（村長に宮田正馗と、村議会議員16名が当選）宮田・1140票、石井・924票、長瀬・43票
9月5日	5代目議長に高田文男氏が就任
9月	大潟村村長（4期）
12月19日	商店街再編整備事業が完成
1989年2月26日（平成元年）	農協会館が完成
4月1日	大潟村観光物産振興公社を設立
4月	㈶大潟村観光物産振興公社理事長

6月30日	温泉ボーリング工事が完了（地下1000mまでボーリング。約40℃の温泉が毎分70ℓ自噴）
6月	秋田県町村会副会長
7月24日	大潟村特産品センターが完成（8月1日オープン）
1990年3月15日（平成2年）	「15ha全面水田取り扱い・県内一般農家並みの転作率」が実現
1991年2月4日（平成3年）	保健体育施設用地60haを大潟村が取得
2月8日	温泉施設「ポルダー潟の湯」オープン
1992年3月31日（平成4年）	多目的運動広場「ポルダープレーン」が完成
4月1日	「ふれあい健康館」がオープン
6月12日	オランダ王国ドロンテン市との友好都市宣言に調印。記念事業として「オランダフェスティバル」を開催（14日までの3日間）
6月25日	6代目議長に佐藤正一氏が就任
8月23日	第6回村長・村議会議員選挙（村長に宮田正馗が当選。村議会議員16名が無投票当選）宮田・1300票、涌井・793票
8月27日	皇太子殿下が大潟村に初の行啓
9月5日	7代目議長に生田敏勝氏が就任
9月	大潟村村長（5期）
1993年5月（平成5年）	秋田県ボート協会会長
8月1～3日	第1回「ワールド・ソーラーカー・ラリー・ジャパン・イン・オオガタ」

1994年4月17日（平成6年）	専用トレーニングコース「大潟村ソーラースポーツライン」が竣工。世界初のソーラーカー専用コースとして、国際ソーラーカー連合（ISF）の認定を受ける（総延長約31km）
5月18日	第1回「菜の花祭り」（22日まで）
1995年2月28日（平成7年）	㈱ルーラル大潟が設立
2月	**㈱ルーラル大潟代表取締役社長**
1996年4月26日（平成8年）	「サンルーラル大潟」グランドオープン
8月25日	第7回村長・村議会議員選挙（村長に宮田正馗が当選。村議会議員14名が当選）宮田・1238票、涌井・1050票
9月5日	8代目議長に生田敏勝氏が就任
9月	**大潟村村長（6期）**
1997年6月5日（平成9年）	宮田正馗村長、秋田県町村会長に就任
6月	**秋田県町村会長、全国町村会経済農林部会副会長、秋田県住宅供給公社理事**
1998年3月3日（平成10年）	ポルダー大潟野菜グループ、支え合うくらしと農を育む婦人グループ表彰で優秀賞「農産園芸局長賞」受賞
3月7日	大潟村消防団、日本消防協会最高栄誉賞「まとい」受賞
10月5日	**自治大臣表彰（村長在職通算20年以上）**
1999年5月（平成11年）	**秋田県立金足農業高等学校同窓会長**
8月22～29日	第45回桂宮杯全日本水上スキー選手権大会・第28回ジャパンオープンウォータースキートーナメント

9月10日	大潟村多目的グラウンド竣工記念式典
2000年4月29日（平成12年）	「大潟村干拓博物館」がオープン
8月25日	第8回村長・村議会議員選挙（村長に黒瀬喜多氏が初当選。村議会議員14名が当選）黒瀬・1199票、渡辺・1121票
9月5日	9代目議長に生田敏勝氏が就任
9月	**任期満了により大潟村長を退職**
2001年3月27日（平成13年）	特別養護老人ホーム「ひだまり苑」ケアハウス「ゆうゆう」竣工式・開所式
5月	**秋田県体育協会理事**
8月16～26日	アジアで初の第6回「ワールドゲームズ」パラシューティング・水上スキー競技、大潟村会場で開催
11月12日	菜の花ロード「かおり100選」に選出される
2002年10月24日（平成14年）	第18回全国消防操法大会小型ポンプ車の部優勝
2003年3月24日（平成15年）	南部排水機場落成式
2004年5月27日（平成16年）	桜・梅・イチョウ並木が第2回菊池道路環境賞を受賞
8月29日	第9回大潟村長・村議会議員選挙が行われ、黒瀬喜多氏が2回目の当選。議員定数は12名に 黒瀬・1251票、高橋・1121票
9月6日	10代目議長に伊藤功正氏が就任
2007年3月20日（平成19年）	秋田県立大学短期大学部閉学、大潟キャンパスは秋田県立大学生物資源科学部アグリビジネス学科へ移行

10月５日	秋田わか杉国体ボート競技開催（〜10月８日）
２００８年４月25日（平成20年）	南秋つくし苑大潟分場開所
６月１日	産直センター潟の店が「道の駅おおがた」として登録
８月24日	第10回村長・村議会議員選挙（村長に高橋浩人氏当選。村議会議員12名無投票当選）高橋・９５４票、黒瀬・８０４票、小林・５３９票
９月５日	11代目議長に伊藤功正氏が就任
11月	㈱ルーラル大潟代表取締役会長（現在）
２００９年２月17日（平成21年）	大潟村の温泉が「モール温泉」と判明
２０１０年４月29日（平成22年）	旭日小綬章授与される
10月16日	大潟村ふるさと会設立総会
２０１１年９月５日（平成23年）	男鹿半島・大潟ジオパークが日本ジオパークネットワーク加盟認定
２０１２年８月26日（平成24年）	第11回村長・村議会議員選挙（村長に高橋浩人氏が村長選初の無投票再選。村議会議員12名当選（15名立候補））
９月５日	12代目議長に阿部文夫氏が就任
２０１４年11月23日（平成26年）	大潟村創立50周年記念式典・祝賀会
２０１５年10月１日（平成27年）	㈱大潟共生自然エネルギーのメガソーラー発電所が発電をスタート
２０１６年８月28日（平成28年）	第12回村長・村議会議員選挙（村長に高橋浩人氏が前回に続く無投票で３選。村議会議員12名当選（14名立候補））
９月５日	13代目議長に阿部文夫氏が就任
９月８日	２０１６年ＦＩＳＵ世界大学水上スキー選手権大会（〜11日）
11月10日	大潟村第１次入植50周年記念祝賀会
２０１７年８月31日（平成29年）	デンマークボート協会とＯＧＡＴＡ（秋田県、秋田県ボート協会、大潟村）が２０２０年東京五輪の事前キャンプについて基本合意
11月16日	大潟村に初めてのコンビニエンスストアがオープン
２０１８年８月（平成30年）	母校秋田県立金足農業高校野球部第１００回全国高校野球（甲子園）で準優勝
２０２０年８月28日（令和２年）	第13回村長・村議会議員選挙（高橋浩人氏が村長選で前回に続き、３回目の無投票３選を果し、４期目に入る。議員も無投票で12名が当選）
９月７日	14代目議長に丹野俊彦氏が就任

【解説】大潟村の歩みと本書の意義

九州大学大学院法学研究院教授　嶋田暁文

本書の内容を深く理解するには、戦後農政の展開と大潟村の歩みについての一定の前提知識・情報が必要である。そこで、以下では、本書を読み解くための解説を試みたい[1]。その上で、最後に、本書の意義を示したいと思う。

戦後農政の展開と大潟村

1．大潟村の概要

1964（昭和39）年10月1日、「大規模な公有水面の埋立てに伴う村の設置に係る地方自治法等の特例に関する法律」に基づいて秋田県中央部に新たな村が誕生した。その村の名は、「大潟村」。琵琶湖に次ぐ全国2番目の面積を誇った八郎潟を干拓することで創られた。同村は、全国から入植者を集め、文字通り「ゼロ」から創られた（日本では）比類なき自治体であり、「自治の実験場」として、わが国地方自治史上、特筆すべき位置を占めている。

八郎潟干拓の当初の主たる目的は、食糧増産にあった[2]。その背景には、戦後の食糧不足がある。また、次男・三男対策という面もあった（仁平2012：32）。

しかし、1950年代半ばになると「農家所得の相対的低下」という問題が浮上し、1961（昭和36）年には、「他産業との生産性の格差が是正されるように農業の生産性が向上すること及び農業従事者が所得を増大して他産業従事者と均衡する生活を営むことを期することができることを目途として、農業の発展と農業従事者の地位の向上を図ること」（第1条）を謳った農業基本法が成立・施行された。

こうした農政の展開が大潟村の位置づけに影響を与えていったのである。すなわち、繰り返しになるが、八郎潟干拓事業の当初の目的は、食糧増産、食糧確保のためのコメ供給基地の建設ということであったのであり、「大規模農業経営」とは必ずしもストレートに結びついていなかった。しかし、今や、「全体の生産量」の確保よりも「個々の農家の生産性」を高めていくことが求められるようになったのである。大潟村農民に、「60 ha 6戸」を基本とする「協業」による営農を前提としつつ、1戸当たり10 haもの大規模な農地が配分され、大規模機械化農業を行うことが期待された所以である。

かくして、大潟村には、「日本水田農業発展のモデル」、「モデル農村」というシンボリックな位置づけが与えられた。もっとも、そこでいう「モデル」は、大規模農業の「モデル」という意味にとどまらない。入植者をめぐって、「旧来の農法、農村生活等になじまない精神的にも肉体的にも弾力性のある青年層の中から優秀な者を広く全国から選抜し、これに必要な訓練を施した後において、はじめて入植させることが妥当である」[3]とされたように、それは、より広い意味での農業近代化の「モデル」であった（八郎潟新農村建設事業団1976：508）。

実際、第1次から第5次の入植者たちは、全国各地からの入植希望者の中から、[4]（**図表1**から分かるように）平均で約4倍の競争を勝ち抜いて入植してきた人々であり、熱い情熱とハイレベルな知識・能力とを兼ね備えた者たちで

（1）以下の記述は、嶋田（2012）に多くを依拠していることをお断りしておきたい。
（2）ただし、実は、近年、八郎潟干拓にもう一つの目的があったことが明らかになった。自らの植民地（インドネシア）を日本が占領したことを念頭に、戦後、「日本に賠償を求めない」とする方針に反発し、講和条約への参加に難色を示すオランダを、講和条約に署名させるためである。すなわち、オランダから干拓技術を教授してもらうことで、賠償金の代わりに、技術協力費を払うことで納得してもらうことを考えたのである。1950（昭和25）年4月頃、後に「ミスター全総」と呼ばれることになる下河辺淳（当時26歳）が、八郎潟干拓のことを首相の吉田茂に進言したのだという。参照、『秋田魁新報』2016年12月25日。
（3）農林省八郎潟干拓事業企画委員会営農部会『中間報告』1960年4月13日。

図表1　年次別入植者数

	第1次	第2次	第3次	第4次	第5次	県　単	合　計
応募者数（人）	615	281	309	389	870	—	2464
入植者数（人）	56	86	175	143	120	9	589
入　植　年	1967（昭和42）年	1968（昭和43）年	1969（昭和44）年	1970（昭和45）年	1974（昭和49）年	1978（昭和53）年	
営農開始年	1968（昭和43）年	1969（昭和44）年	1970（昭和45）年	1974（昭和49）年	1975（昭和50）年	1980（昭和55）年	

（出典：大潟村（2011）35頁）

図表2　出身都道府県別入植者数

都道県名	入植者数	都道県名	入植者数	都道県名	入植者数
北海道	83	新潟県	22	鳥取県	4
青森県	17	富山県	4	島根県	1
岩手県	14	石川県	3	香川県	1
宮城県	10	福井県	3	徳島県	3
秋田県	323	長野県	4	愛媛県	2
山形県	11	静岡県	2	高知県	3
福島県	3	愛知県	5	福岡県	2
茨城県	4	岐阜県	2	佐賀県	12
栃木県	6	三重県	8	長崎県	1
群馬県	2	滋賀県	4	熊本県	3
埼玉県	1	奈良県	1	鹿児島県	3
千葉県	1	兵庫県	4	沖縄県	1
東京都	3	岡山県	13	合計	589

（出典：大潟村（2011）35頁）

あった。彼らに、玉川ダム建設に伴う入植者9名が加わり、入植者数は合計で589名となった。

ちなみに、出身都道府県別の入植者数は、**図表2**のとおりである。全国38の都道府県から入植があったが、最も多かったのは、秋田県の323名であった。

2．減反政策・新田開発抑制と農地の再配分

第1次入植者は、約1年間の訓練を経て、1968（昭和43）年度に営農を開始した。その後の数年間は、ヘリコプターによる直播きに失敗したり、[5]「協業」がうまくいかなかったりと、様々な壁にぶつかりながらも、村には、将来への希望が満ち溢れていた。しかし、そこに早くも暗雲が立ち込め

てくる。

機械化と技術革新によるコメの収量増加を背景に日本のコメ生産量は増え続ける一方、パン食の拡大により、コメ消費量は1962（昭和37）年の1人当たり118・3キログラムをピークに減少に転じたのである。日本は、「コメ過剰時代」に入ったのであった。(6)

こうした事態に対し、農林省は、主として、減反政策と新規開田抑制という二つの施策で対応を試みた。

（4）入植応募のためには、次の要件のいずれをも具備することが必要とされた。①新農村建設の意義を十分理解し、模範的な農業経営の確立に意欲をもやしている者であること、②訓練により機械による直播き栽培等、新しい農業経営に必要な知識、技能を習得する能力があること、③年齢は原則として20歳以上40歳未満で、十分営農に耐える体力があること、④労働力は成年男女2人以上に相当するものであること（第5次は1・8人以上相当）、⑤入植後の営農について、水利用、作付協定、機械の共同利用等に十分協調できるものであること、⑥携行資金として、訓練期間及び入植初年目の生計費、営農資材の購入、賃料支払に必要な資金を携行できるものであること（＊第1次入植の場合、二人家族10haで約140万円が見込まれた。）がそれである（八郎潟新農村建設事業団1976：186、今村2008（下）：3）。さらに、⑦「入植する世帯構成者のうちに農地を所有する者がある場合は、配分を受ける者が干拓地の所有権を取得するときまでにすべての所有農地を所在市町村の農業構造改善に資するよう処分すること」も求められた（佐藤晃之輔2014：473）。すなわち、地元での農地を処分し、退路を断って大潟村に来ることが求められたのである。

（5）今から振り返ると、その後の村の農政対応を予兆させる動きがこのときにあった。実は、国の直播き方針に対し、従わなかった入植者が少なくなかったのである。すなわち、作付けされた480haのうち、直播きは300ha強にとどまり、機械移植が57ha、最初から手植えした面積が122haに上ったのであった。直播きは発芽しないものも多く、収量が著しく少なかった。そのため、「正直者がバカを見る」という言葉が村の中で頻繁に聞かれるようになったという（藤川2014：417-418）。

（6）そこには、実に皮肉な事情があった。小麦等の余剰に悩んでいたアメリカ政府は、余剰農産物を買ってくれれば莫大なお金を援助するという提案を日本政府に行った。八郎潟干拓などの大規模事業のために膨大な資金を必要としていた日本政府は、これを受け入れた。余剰農産物協定の締結（1955（昭和30）年（第1次協定）、1956（昭和31）年（第2次協定））がそれである。これにより、八郎潟干拓の資金を得ることができたものの、小麦が日本に大量に輸入されることになり、パン食等が急速に普及することで、コメ離れ・コメ過剰が一気に進んだのである（秋田放送2011）。

減反政策とは、奨励金等のインセンティブを設けることにより、農家にコメ作付け面積を減らすことを求める政策である。１９６９（昭和44）年に「稲作転換対策」という緊急のパイロット事業として始まり、翌１９７０（昭和45）年から本格的に導入された。減反した農地にコメ以外の作物を作付けすることを「転作」といい、何も作付けしないことを「休耕」というが、１９７３（昭和48）年までは、「休耕」に対しても奨励金が支払われた。

当初、小畑勇二郎知事（当時）も「まさか八郎潟まで減反政策の対象にしないと思う」と述べていたが（富民協会編１９７４：２５３）、実際には大潟村にも求められることになった。この減反政策への協力をめぐって、後に大潟村は真っ二つに割れていくことになる。

一方、新規開田抑制は、１９７０（昭和45）年2月19日に発出された農林省事務次官通達「新規開田の抑制について」によって推進されていった。大潟村に大きなショックを与えたのは、そこに記された、「八郎潟干拓事業については、第４次入植者のほ場は造成するが、既定計画による第５次入植者の募集は行なわない」との文言であった（八郎潟新農村建設事業団１９７６：２４１）。

入植者募集が中止となると、第５次以降の入植者用として予定されていた土地をどうするかが問題になる。一時は、空港建設候補地として取り沙汰されるなどしたが、１９７２（昭和47）年10月31日に、和田正明・八郎潟新農村建設事業団理事長（当時）は、農林省に対し、「早期に入植を再開しなければならない」とした上で、「田畑複合経営の入植を実施することが適切」であり、そのために「中央干拓地全体の水稲作付面積を増加させないで、新規入植者にも水稲作が行なえるようにする」という提案を行った。

これを受け入れる形で、農林省構造改善局は、１９７３（昭和48）年1月5日、「八郎潟中央干拓地における営農および土地配分の方針について」を決定し、「既入植者の経営規模は、現在の水田10 haを変更し、新たに5 haを加え、稲作7・5 ha、畑作7・5 ha、計15 haの大きさとする。新規入植者の経営規模は既入植者の減少する稲作面積の総計の範囲内において水田を配分することとし、稲作7・5ha、畑作7・5ha、計15haの大きさとする」としたのであった（八郎潟新農村建設事業団1976：244－246）。

これを受けて、基本計画の基本方針が変更され、原則15haが配分されることになった。当該変更において特に注目すべきは、次の文言である。

「**中央干拓地における入植者の営農については、大型機械の共同利用等による田畑複合経営を基本とする。なお、稲と畑作物の作付けは、当分の間おおむね同程度とする。**」

この「当分の間」、「おおむね同程度」という表現が解釈の余地を生み、後の生産調整をめぐる混乱を誘発・拡大していくことになる。

また、土地配分に際して農林大臣と入植者との間で交わされた契約書（藤川2014：425）の中の「土地所有権取得後10年間を限りに、当該土地を負担金相当額をもって買収することができる」という文言も、こうした混乱を促進した。いわゆる「買い戻し特約」であり、その期限は、1987（昭和62）年3月ということになる[7]。これがその後の国・県との交渉に際して意味をなしてくることにご留意いただきたい。

（7）第1次～第4次入植に追加配分された5haおよび第5次入植者の15haの土地の所有権原始取得は、全面竣工に伴うものとされ、1977（昭和52）年3月31日付となった（藤川2014：425）。

3．二度の青刈り騒動

⑴　第1次青刈り騒動（1975（昭和50）年）

かくして1973（昭和48）年10月17日に入植募集は再開された（第5次募集）。その半月前の10月1日には、その後に大きな波紋を起こすことになる出来事があった。慣れない田畑複合経営の推進に悩む大潟村農協に対し、食糧庁から、当時不足していたモチ米栽培の要請があったのである。そこで、翌1974（昭和49）年の試験栽培を経て、入植者は、「モチ米は畑作物分に含まれる」という理解の下に、麦を5ha、モチ米2・5haとウルチ米7・5ha合わせて水田10haを作付けすることを基本に、（上記土地配分に基づく）田畑複合経営の初年度となる1975（昭和50）年の作付け準備に向かっていったのである。

ところが、1975（昭和50）年3月28日、農林省は、「モチ米過剰」を理由に、モチ米2・5haを含む作付けを認めない旨の通告を行い、そのように指導するよう、大潟村村長職務執行者である嶋貫隆之輔に申し入れたのである(8)（岩本1992〜2001（二）：34）。これが、いわゆる「第1次青刈り騒動」の始まりである。

嶋貫は、統一地方選挙に影響が出ることを恐れて、そのことを村民に切り出すことができなかった（清水1978：74、148）。そのまま時間は流れ、4月末に農林省は、「水田7・5ha順守」の指導を始めた。苗作りも順調に進み、田植えを目前に控えた段階でのことである。この段階に至ってようやく嶋貫本人の口から事情を聞かされた入植者からは、当然のことながら激しい反発が生じたのであった。

この間、農協は、県を介して農林省と交渉を重ねていた。そして、4月28日には、「六者会議」（村、農協、新村建設協議会、カントリー公社、村政審議会、土地改良区から構成）を通じて、ウルチ米7・5haにモチ米2・5haの半分の1・25haを足した8・75haとする案で合意した上で、これを「8ha台」と表現して、農林省からの了承をとり、実質上限を8・99haとした。これは、圃場1枚（1・25ha）分を減らすことで農林省の顔を立てるものであった。

ところが、入植者たちの中にはこれに納得をしない者が少なくなかった。元々（農地再配分前は）10ha丸ごと稲作が可能であったわけだし、モチ米の話は食糧庁の方から言ってきた話であってそれを今さら覆すのはおかしい、というわけである。

これに対し、農林省は、既入植者に対する追加配分の際の契約書を楯に、農地の取り上げを示唆しながら、強い態度で是正を求めた。しかし、革新系の色合いの強い農民組合が生活権の擁護を理由として既得権としての10haの作付け敢行を宣言するなど、徹底抗戦の構えを見せる入植者も少なくなかった。他方で、農林省の意向に沿って田植え前に大量の苗を廃棄した者からすれば、「正直者がバカを見るのは、不公平であり、許せない」ということになる。かくして、村内に対立感情が広がっていった。そこで、村内においても六者会議が改めて開催され、その決定に従ってどうにか8ha台にとどめるようにと入植者への説得が続けられた。しかし、結局、これも不調に終わる。

8月になると、事業団が事態収拾に直接動き始めた。その後、紆余曲折を経て、事業団は、9月1日付で、過剰作付けの155人に対し、「5日午後5時までに処分すること」という最後通告を行った。これを受けて、最終的にはすべての入植者が青刈りを行ったのであった。[9] かくして、「第1次青刈り騒動」は終結を迎えたのである。

(2) ゼブラ容認と初めての選挙（1976（昭和51）年）

「第1次青刈り騒動」が終結した後の1975（昭和50）年12月3日に、村の主要団体の代表者によって結成され

(8) 大潟村の設置は、「大規模な公有水面の埋立てに伴う村の設置に係る地方自治法等の特例に関する法律」に基づくが、そこでは、設置当時において共同社会が形成されていないことも考えられるとして、新村の設置選挙は、「自治大臣の指定する日」以後において行われるものとされた（今村2008（上）：13）。それまでは、県知事が県議会の同意を得て任命する「村長職務執行者」が村長の職務を行うこととされていた。また、職務執行者の諮問機関として、1968（昭和43）年には、村政審議会が設けられた。

(9) もっとも中には、適期まで刈り倒しをせず、「黄刈り」と称して、（中には100俵から150俵もの量を）収穫して儲けた者もいたという（藤川2014：434、清水1978：77）。

た陳情団が、水稲作付け上限面積8・99haの確保を農林省に陳情した。これに対する農林省の態度は厳しく、翌1976（昭和51）年1月12日には、水稲作付け面積8・25haを上限とする意向を示す。

しかし、これへの反発は大きく、農林省は、妥協する形で、上限8・6haと変更して事業団に通告した。これは、追加配分の5haを受ける以前の水稲単作10haのうちの減反分2・5haのうちの1・1haを「余り米」として扱うことを条件としたものであった。「7・5ha＋1・1ha＝8・6ha」という考え方である（今村2008（上）：19）。

農林省は、前年と同じく、この上限面積の順守を入植者に求めた。前年と異なっていたのは、「ゼブラ方式」という「抜け穴的方法」を容認した点にある。これは、1枚1・25haの圃場8枚に水稲を植えるが、圃場内に何本かの排水路を設けることによって、上限8・6haにつじつまを合わせるというものである（藤川2014：432）。入植者のうち約8割がこの方式を採用したという。

中には、（後述の農民組合の人たちのように）上限を超えて作付けする者もいたが、これに対し、農林省東北農政局は、警告書を発し、期限までにゼブラ方式で是正するよう求め、過剰作付け者たちは、最終的に是正することで事なきを得た。

このように1976（昭和51）年は、「ゼブラ方式」の是認により、前年に比べて相対的にスムーズに事が運んだわけであるが、この年は、大潟村で初の村長選挙、村議会選挙が行われた年でもあった。ちなみに、9月5日に行われた村長選挙では、それまで12年間、村長職務執行者を務めた嶋貫隆之介が農民組合長の小沢健二を1116票対727票で破り、当選を決めている。

なお、少し遡るが、同年5月10日は、農民組合の小澤健二と佐々木勲一が、国を相手取って、債務不存在確認請求訴訟を起こしている。そこでの主張は、「法律の不遡及の原則」からして、第1次～第4次入植者については、当初配分の10haに関しては畑作物を作付ける義務はない」というものであった。つまり、彼らによれば、〃「田畑おおむね同程度」というのは追加配分の5haについてであり、畑作物作付けの義務は、2・5haまで。つまり、15haのうち12・5haまでは水稲の作付けができる（＊減反政策に協力するかどうかは任意）のだが、自分たちは、10haまで抑えて、米の生産調整に協力している〟というわけである（藤川2014：431－432）。[10] なお、この訴訟は、1983（昭和58）年に取り下げられた。

(3)「第2次青刈り騒動」（1978（昭和53）年）

その翌年1977（昭和52）年も、8・6haを作付け上限面積とするという方針が決まっていた。しかし、この年に関しては、村主導で水稲確認作業が行われたため、一見して不適正な作付けに対しても、裁量によって弾力的な対応がなされた。そのため、「正直者がバカを見た」（＝指導に従った者が不利益を被った）という不平の声があちこちで聞かれたという（佐藤晃之輔2014：384）。

翌1978（昭和53）年、減反政策は「水田利用再編対策」として実施されることになり、秋田県は、大潟村に転作目標214haを割り当てた。これは、それなりに配慮された上での割り当て量であり、全県平均からしてもかなり低いものである。

大潟村では、これを受けて、16の圃場単位グループを作った上で、その中で集団転作をする互助方式を考案した。すなわち、一部の農家が転作を引き受け、非転作農家がそれに対する所得補償を行うというスキームがそれである。[11]

同年3月15日、村議会全員協議会で、このスキームを前提に、「圃場10枚（12・5ha）を使い、ゼブラ方式で作付け

---

(10) ただし、これに対しては、〝そのような主張をするのであれば、5haの増反を辞退し、10haの水稲単作を堅持すべきであった〟という佐藤俊一の指摘（佐藤俊一2016：316－317）が強力な反論となるであろう。

(11) 当初、この「12・5ha」論には、明確な根拠はなかったようである。だが、最終的には、先に触れた債務不存在確認訴訟における原告の主張と同じ論法がとられることになったという（坂本1979：82）。

面積を調整する」ことが申し合わされたのであった。[12]

「これにより不公平感なしにみんなで作付け拡大に向かうことができる」、「正直者がバカを見ずに済む」と、村内に安堵の空気が流れたという（藤川２０１４：４３５－４３６）。

ところが、この年は、農林省の「水田利用再編対策」に基づく新生産調整の初年度であったから、そのような入植者の姿勢は許容されるものではなかった。田植えが終わる直前の５月20日には、県農政部長らが大潟村の現地調査を行い、作付け面積を減らすように要請した。「第２次青刈り騒動」[13]の始まりである。

その２日後の５月22日には、小畑知事が記者会見で「大潟村の作付は転作と認められないので転作奨励金を払えない」との見解を表明した。さらに、小畑知事は５月25日に、「大潟村における水稲作付と水田利用再編対策の適正化について」と題した通達を発し、「県内12万農家の努力を水泡に帰せしめるもの」と厳しく批判し、是正を求めた。同日には、秋田地区農業委員会会長会も「過剰作付は容認できない」旨の決議を行っている。さらに、６月初めには、県町村会も「断固踏みつぶし」の要望を行った。

こうした中、知事に厳しくとがめられた嶋貫村長は一転して方向転換を行い、作付け面積８・６haの厳守を求めるに至る。議会も徐々にそのような立場に変わっていった。

７月４日には、「７月15日までに８・６haまで踏みつぶさなければ農地買収の措置をとる」旨の東北農政局長名義の警告書が各戸に郵送された。７月21日には過剰作付け者に対する面接指導が行われ、終了後には小畑知事によるガリ版刷りの手紙が手渡された。そこには、八郎潟干拓事業は自らが政治生命をかけて実現したものであり、「わが腹をいためて産んだ子供」である大潟村村民が「みすみす過ちをし、泥沼に落ちようとするのをだまって見過ごすわけにはまいりません」と、情に訴えるような文言が並んでいた。

８月７日には、過剰作付け者に対し、東北農政局長名で買収予告通知が届き、最終的に是正期限は８月12日午後５

時に設定された。８月８日には、小畑知事が村を訪れ、「……国を相手に戦うには、正義の御旗が必要だ。どんな戦いでも世論の支持が無ければ勝てるものではない。ことしの過剰作付けが世論の支持を得ていないことは分かっていると思う。大潟村が誰も同情しない秋田県の孤児になることを恐れる」として、是正を呼びかけた（藤川２０１４：４３８）。こうした流れの中で、抵抗していた人たちもついにあきらめ、あちこちで青刈りや踏みつぶしが行われたのであった。「第２次青刈り騒動」の幕引きである。

なお、この間の８月６日には、第２回目の村長選挙および議会議員選挙が行われている。[14] そして、この村長選挙には、嶋貫氏は出馬しなかった。小沢健二氏を破り、初当選を決めたのが、本書の著者、宮田正馗氏である。以後、宮田氏は、（過剰派（自由米派）と順守派については後述するが、）選挙のたびに過剰派の候補者との戦いに勝ち続け、計６期にわたって村長の地位を維持し、順守派の立場で行動していく。

(12) こうしたイケイケドンドンの対応がとられた背景には、「事業団法廃止により、八郎潟新農村建設事業団が１９７７（昭和52）年に解散したことから、（同事業団が定めた基本計画の基本方針も失効したので）田畑複合経営義務もなくなった」という考え方が広まったことも作用していたように思われる。この考え方は、上記の債務不存在確認請求訴訟の中でも主張された（藤川２０１４：４４２）。

(13) この対策では、転作未達成の場合のペナルティが設けられ、未達成分は翌年度加算されることになった。さらに畑作部分に稲を植えると新たに自己開田したと見なされ、２倍の転作面積が課されることになった（佐藤晃之輔２０１４：３８４－３８５）。

(14) 前回の選挙から２年しか経っていないのは、制限自治の下で任期が２年であったことによる。この第２回の選挙も同様に制限自治の下で行われたため、次の第３回の選挙もまたその２年後の１９８０（昭和55）年に行われた。そしてこの第３回の選挙以降、任期は４年となったのである。

4. 過剰作付けと大潟村農地明け渡し訴訟

(1) ヤミ米(自由米)問題と二分化された村

第2次青刈り騒動は、大潟村の農家に大きな打撃を与えた。1979(昭和54)3月納付期限の1978(昭和53)年度の償還金の未払者が72名にもなったのは、その具体的表れである。[15] 償還金の金額は、工事費の関係で入植年次により異なるが、標準的な人での年間支払額(元利均等払い)は、第1次~第3次入植者が約317万円、第4次入植者が約334万円、第5次入植者が約419万円であり、これをそれぞれ25年間、毎年払い続けるわけである(佐藤晃之輔2014:387)。

こうした重荷を背負った入植者たちにとって、1978(昭和53)年に確立された「8・6ha体制」は、非常に厳しいものであった。その厳しさがヤミ米(自由米)問題を引き起こす一因となっていく。

過剰作付けの流れが生み出されていったのは冷害のあった1980(昭和55)年から1981(昭和56)年頃からで、それが静かに広がり始めたのは1982(昭和57)年頃からであったという。1981(昭和56)年の冷害で1戸当たり700万円の減収があり、1983(昭和58)年には1500万円以上借金の危険農家が100戸くらいに達したという事態がそれを促したのである。元々、元利合計1億円近い償還金の支払いが大きな経済的・精神的負担になっていた上に、こうした事態が生じれば、過剰作付けに向っていくのもある意味で致し方のない面もあった(坂本1990a:121-124)。

過剰作付けした米は正規ルートで買ってもらうことはできない。それゆえ、過剰作付けは、ヤミ米(自由米)を売るという行為につながる。それをすれば、減反政策に従った場合と比して、500万円~1000万円余計にお金を手にすることができる。しかし、それは、食管制度を空洞化させる危険性を秘めた違法行為であるだけでなく、全国の農家の神経を逆撫でするものであり、(とりわけ親戚縁者が秋田周辺で米作りに従事しているような場合には)とりにくい行為である。「買い戻し権」をちらつかせる国の脅しもある。

かくして、①「水稲作付け面積の上限を守った上で、減反政策に従う」のか（＝順守派）、②「減反政策に従わないことはもとより、水稲作付け面積の上限を超えて過剰作付けをして、ヤミ米を販売する」のか（過剰派（自由米派））によって、大潟村は二分化されることになったのである。

(2) 大潟村農地明け渡し訴訟（1982（昭和57）～1983（昭和58）年）

こうした状況の中で、「過剰作付けに対する是正措置」として、国が見せしめ的に行ったのが、「大潟村農地明け渡し訴訟」である。これは、①8・6haよりも0・56ha（＝56a）ほど余分に作付けを行った男澤泰勝氏と、②同じく0・077ha（＝7・7a）余分に作付けを行った長瀬毅氏に対し、〝過剰作付けは、入植時に国と結んだ契約への違反行為である〟として、農地15haすべての返還を求める内容の訴訟であり、それぞれ1982（昭和57）年、1983（昭和58）年に提訴された。

これらの裁判は別個に提訴されたものの、争点が同じであったため、併合する形で進められた。一旦地裁レベルで「国敗訴」の判決が出たものの（1992（平成4）年）、高裁レベルで逆転判決となり（1995（平成7）年）、最高裁でも二人の上告は棄却された（1998（平成10）年）。これによって、二人は、全農地を明け渡さねばならなくなっただけでなく、それまでの農地借用料として1億円を超える金銭的負担を負うことになったのである。これには順守派の人々の中からも「むごすぎる」との声が漏れたという（『朝日新聞』（朝刊）1998（平成10）年11月24日）。後述のように、すでに判決時には「15ha全面水田認知」が実現していたのであり、その意味でも、実情にそ

(15) 1973（昭和48）年から、第1次～第4次入植者の10ha分の償還が始まり、1978（昭和53）年には、第1次～第4次入植者の追加配分5ha分と、第5次入植者の15ha分の償還が始まった（佐藤俊一2016：270-271）。

ぐわないのではないかとの声も聞かれた。

しかし、判決が確定する途中の過程では、むしろこの裁判は、「実は、国には農地の買い戻し権はないのではないか」との印象を村民に与えるものであった（坂本1990a：128）。

5.「15ha水田認知」運動

(1)「15ha水田認知」運動の開始（1983（昭和58）年）

水稲作付け面積において転作すれば、転作奨励金がもらえる。しかし、その土地が畑であるとすれば、そもそも畑なのだから転作奨励金はつかない。そのため、畑作面積分は、畑作物の収穫・市況両面の不安定性による畑作収入変動リスクをモロに受けてしまう。

それゆえ、15haすべてが水田として認知されることは、順守派からすれば、畑作に伴うリスクを軽減でき、かつ、過剰派との収入格差の是正につながるという意味でベストであった。そこで、順守派の人々は、1983（昭和58）年3月、「15ha水田認知」運動を開始したのである（佐藤晃之輔2014：392）。

(2) 農事調停とその不調（1983（昭和58）年〜1984（昭和59）年）

他方、過剰派にとっても、すべてが水田として認知されれば、減反への協力はあくまで任意であるから、安心して水稲作付けできるようになる。そこで、過剰派の人々は、農事調停世話人会を立ち上げ、1983（昭和58）年7月4日に、秋田地裁に対し、「農地15haをすべて水田として認めて欲しい（その上で、減反をいくらにするか検討すべき）」旨の農事調停の申し立てを行った。(16) 申し立てに参加した人数は、入植者の約半数に達した。

この調停は、翌1984（昭和59）年11月に不調に終わったが、そのことが過剰派の勢いを削ぐことはなかった。男澤・長瀬の両氏以上に過剰作付けを行った者に対して、「見て見ぬふり」がなされたからである。1984（昭和

59）年の過剰作付け者は88戸（前年は28戸）に増え、そのうち73戸（前年は16戸）は、未是正のまま越年したのであった（佐藤晃之輔2014：392－394）。

6．知事による斡旋とヤミ米検問事件

(1) 知事による斡旋（1985（昭和60）年）

国の農地買い戻し特約期限の1987（昭和62）年3月末が刻一刻と迫る中、県としても、どうにか状況を打破しておく必要があった。

そこで、佐々木喜久治知事（当時）は、1985（昭和60）年1月19日に来村し、①1984（昭和59）年、1983（昭和58）年の過剰作付けに関しては、「加工原材料米」として処理するという農事調停時に示された調停案に従って是正する、②再び過剰作付け問題を起こさないという2条件を示し、これが受け入れられれば、「稲作の上限を10haまで拡大するよう、責任をもって国に働きかける」と呼びかけたのであった。

これに対し、「10ha案は、新たな足かせになる」、「是正が前提の水田拡大は認められない」などとして過剰派は反対の姿勢を示し、話し合いを拒否した。知事提案の実現は困難であるように思われたが、最終的に、カントリーエレベータ公社に搬入される1985（昭和60）年産米から、過去2年間の過剰作付けに相当するコメを加工原材料米として売り渡すことで是正をし、その差額を村全体で負担するという「全体処理案」が考え出され、状況の打破が図られたのであった。

（16）嶋田（2012）144頁では、農事調停の申し立てがなされた年を1984（昭和59）年としていたが、これは、1983（昭和58）年の間違いであった。ここに記して訂正したい。

県も国もこれを評価し、国（農水省）は、同年3月30日、10haを水田として認める通達を発出した。これによって、ついに9年間続いた「8・6ha体制」は終焉し、「10ha体制」となった（佐藤晃之輔2014：394－395）。ただし、減反への協力が前提となるため、「10ha体制」といっても、10haすべてに稲作をできるわけではなく、稲を作付けできるのはこのうち8・54～8・6haとされ、1・4～1・46haは転作奨励金はつくものの、残る畑作面積5haについては転作奨励金がつかない、という点には留意する必要がある。

(2) ヤミ米検問事件と住民訴訟（1985（昭和60）年～1986（昭和61）年）

ところが、この年、「10ha体制」になったにもかかわらず、10ha以上の過剰作付けを行う者が168戸にも上った。転作についても、前年まで非協力者分を順守農家が肩代わりする形で転作目標を達成していたが、この年は消化しきれず、初めて未達成（達成率71％）となった。以後、毎年のように未達成が続くことになる。

もちろん是正指導は行われたものの、功を奏さなかった。そのため、この168戸のコメがヤミ米として出回ることを防ごうと、1985（昭和60）年10月7日、秋田県は、大潟村内の道路5カ所に検問所を設置し、1年間24時間態勢のヤミ米（自由米）の封じ込め作戦を開始したのであった[17]。

さらに、12月18日には、秋田県警が、農林水産省と秋田県の告発を受け、食管法違反容疑で大潟村農民3人の家宅捜索を行った。こうした一連の動向が、世間の注目を集め、（一部には、食管制度反対の立場からヤミ米（自由米）の動きを肯定的に捉える論者もいたものの、）世間の大潟村に対するイメージは急速に悪化していく。

しかし、翌1986（昭和61）年4月28日、過剰派は思わぬ行動に出る。住民訴訟を提起したのである。その内容は、前年の取り締まり検問と過剰米是正策としての「互助方式」に支出した村費約2億7600万円は、地方財政法などに違反するものだとした上で、宮田正馗村長個人に対し、支出した公金とその利息分について村に返還するよう求めるものであった[18]。（これは、1993（平成5）年12月17日に過剰派の全面敗訴に終わっている。）

7．12・5ha水田認知の実現とヤミ米事件不起訴

(1) 12・5ha水田認知の実現（1986（昭和61）年）

１９８６（昭和61）年８月22日、村は、「大潟村における62年度以降の営農方針案について」と題する文書を作成し、全戸配布した。その内容は、「15ha全部を水田扱いにし、５haの畑地は転作補助金の対象とする」というものであった。「15ha全面認知」という要求が出てきた背景には、〝「当分の間」という増反配分時の契約上の束縛は、国の農地買い戻し特約期限であった１９８７（昭和62）年３月末をもってなくなる〟という認識が存在していた。

しかし、過剰派は、「まずは15haすべてを水田として認めることが必要」、「減反の問題はその後で考えるべき」として否定的であった。彼らにとって、この案は、結局畑作を推進するためのものであり、稲作を抑えようとするものに映った。また、５haに転作奨励金が付くといっても、もらうためには、減反非協力のために蓄積したペナルティとして余計に畑作をやらねばならないし、その間は転作奨励金はもらえない。つまり、もはや後戻りができない状態の過剰派にとっては、この案にはメリットがなかったのである。かくして、村（順守派）と過剰派との間の溝はますます深まるばかりであった。

こうした中、県は、１９８７（昭和62）年４月２日、「40戸以上の〝営農集団〟を設立し、田畑複合経営を推進する農家に対しては、水田認知面積を12・５haまで認め、稲作７・９ha、転作４・６haとする」という新営農方針を伝えた。あくまで〝営農集団〟を設立した農家に限ってではあるが、「12・５ha水田認知」となったわけである。これは、ルールを守っている順守派ほど苦しい立場に置かれていることに鑑みた対応であったが、１９８７（昭和62）年３月

(17) これには前触れがあった。同年４月、北海道苫小牧市で入植者のヤミ米が摘発されていたのである（坂本１９９０ａ：１２９－１３０）。
(18) この時、佐々木知事も同様の訴えを起こされている。

末をもって、第1次〜第4次入植者の追加配分5ha、第5次入植者の15haの国の買い戻し期限が失効したことも、背景事情として大きかった。

しかし、過剰派は、この新営農方針を「村を分断させて混迷を深めるだけだ」として批判した。この年の過剰作付け者は、前年よりも37戸増え、220戸となり、そのうち15ha全面水稲作付けを行ったのは160戸にも上った（佐藤晃之輔2014：397－398）。

(2) ヤミ米事件不起訴（1988（昭和63）年）

翌1988（昭和63）年1月11日には、秋田地検が、上述のヤミ米による食管法違反（無許可販売）で書類送検された農民3人を「嫌疑不十分」として不起訴処分とした。これがまた過剰派を勢いづかせることになった。

この年、営農集団を離れて「自主作付け」[19]に転ずる者は増え、営農集団員323戸に対し、自主作付け者は260戸となった。

8. 15ha全面水田認知と県平均並みの転作率の実現（1990（平成2）年）

8・6ha、10ha、12・5haと水田認知の「階段」を一段ずつ上ってきた結果、「15ha全面水田認知」も現実味を帯びてきた。それに伴い、関係者の動きも活発になっていった。

最終的に、15ha全面水田認知と県平均並みの転作率が実現したのは、1990（平成2）年3月のことである。同月15日、農水省は、「配分農地すべてを水田として認める」と通達したのであった。まさに「悲願の達成」である。本書の著者である宮田氏こそ、その最大の功績者の一人にほかならない。

詳細は省くが、やはりそこに至るプロセスにおいても、「①県や農水省による『15ha全面水田認知』案が『条件』付きで示され、②過剰派が反発してその案を撥ねつけ、③一方で、村がどうにか『条件』をクリアすべく（過剰派からの批判を受けつつも）懸命に努力し、④その努力を農水省が評価する形で成果につながっていく」という「お馴染みのパターン」が見られた。

悲願を達成するためには、実に困難な道のりを一歩ずつ進んでいかねばならなかった。村長としてこの問題に注力した宮田正馗氏の言葉を借りれば、それはまさに「なめくじが這うような戦い」（宮田ほか2012：46）であった。

大潟村の歩みと過剰派（自由米派）の行動をどう評価すべきか？
―すれ違う認識・評価

以上で見てきた大潟村の歩み、とりわけ、「過剰派（自由米派）」と称されてきた人たちの行動をどのように評価すべきなのであろうか。実はこの評価が非常に難しいのである。そこで、まずは、過剰派（自由米派）、順守派それぞれの論客がどのような評価をしているのか、それがいかに一様でないかを示してみたい。

1. 過剰派（自由米派）の認識・評価

まずは過剰派の中心的論客であった黒瀬正氏の見解から見ていこう。黒瀬氏によれば、第1に、減反政策や食管制度といった統制的な農政のあり方自体がそもそも間違っているのであって、それに従っていては、生産者は努力しな

(19) この年、農事調停会が「大潟村稲作経営者会議」（会長：高野健吉、会員180名）と改称し、玄米を「大稲米（だいとうまい）」のブランドで新たな袋で大々的に販売を開始した。また、「大潟村あきたこまち生産者協会」（社長：涌井徹）、「大潟村同友会」などの会社が、宅配便による白米の産地直送を拡大していった。イメージアップが図られ、この年から、「過剰作付け」は「自主作付け」、「ヤミ米」は「自由米」とそれぞれ呼ばれるようになったのである（佐藤晃之輔2014：398-399）。

いし、消費者にとっても不利益が生じるという（黒瀬1988a：192）。農家がやる気を出し、「価格と品質の両面で消費者ニーズに合った農産物」を作る上では、減反や食管制度は阻害要因でしかないのである（黒瀬1988b：230）。要するに、「悪法は法ならず」であり、「悪法には従うべきではない」ということであろう。

第2に、「農民が自らの農地にどのような作物を育てようと本来的に自由でなければならない」（黒瀬1988a：186）という。また、減反に協力するか否かは任意であって、その強制は民主主義に反するというのが彼の主張である。「農民の権利」論あるいは「耕作の自由」論とでもいうべき主張である。

第3に、「自分たちだけ儲けてずるい」という批判に対しては、「私たちは日夜、消費者のニーズを調べ勉強を重ね、いいコメを作るために努力している。お上のいいなりの農民と同じ扱いでは、それこそ不公平だ」というのが彼の言い分であった（あんばい1991：228）。ここには、実力主義的な発想が伺える。

一方、過剰派のリーダーの一人であった涌井徹氏も、「私たちの活動は、決して運動のための運動であってはならなかった。政治もイデオロギーも関係ない。自分の田んぼに自由に米を作り、自由に売りたいという、ただ生きるための権利を求める闘いだった」（涌井2007：77）と回顧し、「農民の権利」論を主張している。黒瀬氏とやや異なるニュアンスを感じるのは、涌井氏の場合、〝農家の経済力を高め、自立できる農家と自立できる農村を作り、日本の農業そのものを自立させる〟という日本農業救済のための世直し的な発想が強いという点であろうか。「すべての原因」は、農家が経済力（＝「自分で作った米を自分で販売する力」）を持ってこなかったことにある、というのが彼の診断である（涌井2007：81－85）。

いずれにせよ、過剰派からみれば、〝自分たちは、「農民の権利」を守るために国と戦ったのであり、また、先導的な役割を果たすことで「悪法」を廃止に追い込み、農政を正しい方向に導いたのだ〟ということになろう。[20]

2. 順守派の主張

これに対し、順守派は、全く異なる主張を行う。「食管制度を守るには、生産調整を順守しなければならない」とする坂本進一郎氏の主張もあるが、ここでは、その立場をより代表する主張として、本書の著者である宮田正馗氏の主張を取り上げよう。その主張は以下のようにまとめることができる。(21)

生産調整については、好き好んでやる者は誰もいないが、決められたルールには従う必要がある。みんなが従っているのに、自分たちだけ「悪法だから従わない」というのは身勝手だ。ルールを守らないと世間から相手にしてもらえない。そのようなことをしていては、短期的には得をするかもしれないが、長期的にトータルで見るとやっていけない。また、「農民には自由にコメを作る権利がある」といった主張をすること自体は構わない。しかし、そういう主張をして農事調停や裁判で結果が出た以上、それに従うのが筋である。ただし、国が「ザル」のような制度を作り、かつ、あいまいで中途半端な対処しかしなかったことが、過剰派の行動を助長した面は否めない。

このように、①〝主張をして争うことは構わないが、一旦結論が出た場合には、それに従うべき〟といった具合に〝人間としての筋を通すべきこと〟を強調する点、②〝自分勝手な行動をしていると世間から相手にされなくなるので

(20) こうした過剰派の認識・評価に対し、全く逆の認識・評価を示すのが、順守派のイデオローグであった坂本進一郎氏である。彼によれば、「青刈り反対」として世直しの気持ちをもってスタートしたはずの大潟村の作付け問題は、いつの間にか「物盗り」に変質してしまったのだという。言い換えれば、当初の「農民の権利」を守るための闘争は、その後、単なる「エゴ」に変わっていったというわけである。そして、「ヤミ米の仕掛けを作ったのは、『正直者が馬鹿を見てたまるか』という損得意識であり、もう一つは、『赤信号、皆で渡れば怖くない』(隣もやったから俺もやろう) 式の集団主義 (群れ意識) であった」という (坂本1990b：x)。

坂本氏から見れば、大潟村の歩みは、「モデル農村」の理想から遠のいていくプロセスであり、エゴイズムがむき出しになって、「ムラ」と化していくプロセスであった。

(21) 主として、宮田ほか (2012) における宮田氏の語りに基づく。

あり、世間の理解を得なければ長期的にはやっていけなくなる〝といった具合に〝長期的利得〟を重視する点、③他方で、国にもその責任の一端を求める点などが、宮田氏の主張のポイントである。

3. 評価の困難性と「ドラマ」の成立条件

上記のように、過剰派と順守派とでは、その認識・論理・価値観が全く異なっている。過剰派が「農民の権利」や「耕作の自由」といった「正当性」を掲げるのに対し、順守派はルールに従うという「合法性」を掲げ、過剰派が「農民一人ひとりの個性と創意工夫」による〈個人的実績主義〉を主張するのに対し、順守派は、世間（全国・県内農民）と村内農民との〈連帯と協調〉という〈集団的協調主義〉を主張するといった具合である（佐藤俊一2016：282）。

各論者の認識・評価はそれぞれに一定の説得力を有しており、「大潟村の現実」のとらえ方は一様ではない。各論者の言い分の背景には農政の揺れ動きなどの諸事情があり、それがまた評価を一段と難しくしている。「農政がねじれているから単純なイデオロギーや一枚岩の思想では容易に白黒を判断できない構造になっている」のである（あんばい1991：241）。

ただし、そこには、「村内対立を通じた、外部（国や県）からの資源・支持調達」とでもいうべき、巧みな「自治のアート（技術）」が（意識的もしくは無意識的に）活用され、功を奏したという面があることも合わせて指摘しておくべきであろう。両者は対立しながらも、「過剰派（自由米派）」が先導的突破機能を、「順守派」が対外的融和機能をそれぞれ果たすことで、国の態度変更（水稲作付け面積の拡大など）を引き出していった面があるのである。両派は、あたかも、一つの「ドラマ」を成り立たせるために、各々の役割を演じきる「アクター（役者）」のようであった。注目すべきは、その「ドラマ」が微妙なバランス関係によって成り立っていたという点である。過剰派（自由米派）が村民の過半数を超えても、なお順守派の代表である宮田氏が村長であり続けたのは、そこに村民による微妙なバランス感覚が働いていたからである。宮田氏が村長であることは「ドラマ」の成立に不可欠だったのである。

その後の大潟村と本書の意義

1．その後の大潟村

順守派の首長として大潟村村政に君臨し続けた宮田氏は、一度も選挙で負けることなく、2000（平成12）年まで村長を務めた。1990（平成2）年に、最大の問題であった水稲作付け面積の拡大に決着がついたことで、宮田氏は、以降は、「ルーレック構想」（＊「ルーレック」は、ルーラルとリクレーションを合成した造語）を通じて、交流人口の増加に努めるなど、村づくりに取り組んだ。

2000（平成12）年の選挙では、宮田氏の後継者との一騎打ちを制した黒瀬喜多氏（入植第1世代。過剰派のドンの一人であった黒瀬正氏の奥さん）が「政権交代」を果たした。黒瀬氏は、自立的な個人の参加による村政を目指し、環境政策にも力を入れた。2004（平成16）年の選挙でも、黒瀬氏は、順守派の後継者である高橋浩人氏（現・村長）との一騎打ちを制し、再選した。

しかし、2008（平成20）年村長選挙は様相を大きく異にした。過剰派が二つに分かれ、過剰派のもう一人のドンであった涌井徹氏の後継者・小林肇氏（前回の黒瀬氏の選挙参謀）が第3の候補として立候補したからである。黒瀬・小林・高橋の三つ巴の戦いを制したのは、順守派の流れをくむ高橋浩人氏（入植第2世代）であった。再度、「政権交代」が生じたわけである。高橋村長は、村内融和を重視した安定感のある村政を展開し、2012（平成24）

年、2016（平成28）年、2020（令和2）年と、3度にわたって、無投票で再選されている。激しい対立に明け暮れていた大潟村は、今や世代交代も進み、平和な「普通の村」になったようである。

ただし、議会はもとより、農協をはじめとする村内各種団体では、未だに3派（涌井派、黒瀬派、順守派（宮田・高橋派））ごとの対立構図が歴然と残っている。それぞれの派ごとあるいはその中のグループごとに独自の流通・販売ルートが確立されている関係で、三つの派につながる集団関係は今なお健在なのである。

とはいえ、そうした対立構図が顕在化する機会が以前と比べると圧倒的に少なくなっているのも間違いない。入植第2世代以降の人々は、「過去」から脱却すべく、表立った争いを避けようと努めているようにも見える。

しかし、その点こそが、宮田氏が「今の大潟村」に対し物足りなさを感じているポイントなのである。この点は改めて後述したい。

2. 宮田正馗氏のこと

さて、ここで、筆者と宮田正馗氏との出会いと関係について述べておこう。

筆者は、研究仲間とともに、2007（平成19）年9月半ばに初めて大潟村を訪れ、黒瀬正氏、涌井徹氏、坂本進一郎氏からの聞き取り調査を行った。その際、極めて印象的だったのが、当事者たちの論客ぶりである。特に、黒瀬氏と涌井氏の頭の回転の速さと舌鋒の鋭さには舌を巻くばかりだった。やはり、全国から選ばれて入植しただけのことはある。「これだけの論客がひしめき合っている状況で『自治の舵取り』をするというのは、とんでもなく大変だろうな」というのが正直な感想であった。

と同時に、「これだけの論客を相手に渡り合って大潟村のトップを走り続けてきた宮田正馗氏とは一体どのような人物なのだろう？　これは絶対に宮田氏に一度お話を伺ってみないといけないな」という思いを強くした。しかし、大潟村のように実力者がひしめく中にあってトップの地位を維持し続け、かつ、地域内部と外部からの批判を乗り越えながら、国や県との粘り強い交渉を行い、事を成し遂げるというのは、並大抵のことではない。それを成し遂げた宮田氏と対面するというのは、興味深いことではあったが、怖さのようなものもあった。

勇気を振り絞って、その約3カ月後の2007（平成19）年11月9日に研究会にお招きし、インタビューを行ったのが、宮田氏との最初の出会いであった。

実際に会った宮田氏は、想定とはやや異なり、極めて論理的で説得的な語りをする人であり、人間味にあふれた人物であった。また、彼に対して反感を持ち続けてきた人々（「過激派（自由米派）」の人々）ですら認めざるを得ないであろう、宮田氏の「芯の強さ」も同時に感じた。「この人なら、あの論客たちと渡り合い、大潟村でトップを走り続けたのも納得できるな」と感じた。

特に印象に残ったのは、自らが政治を志した原点として語られた八竜町（八竜村）時代の「我田引水」をめぐるエピソードである。宮田氏は、「農民が貧しいから、追い込まれているからこそ、『我田引水』になってしまうのだ。悪いのは政治だ」という憤りから政治を志したのだという。「（先に述べた大潟村の歩みの中での）宮田氏の一連の発言・行動の原点はここにあったのか」と、ハッとさせられたことを今でも鮮明に覚えている。

研究会終了後、研究会メンバーの一人、金井利之氏（東京大学教授）が「これは、ブックレット化した方がいい」と提案し、2度目のインタビューを経て、まとめられたのが、ブックレット、宮田正馗ほか『ゼロからの自治―大潟村の軌跡と村長・宮田正馗』（公人社、2012年）である。筆者はそのとりまとめと解説を担当した。

筆者は、その後も研究仲間とともに大潟村を度々訪れ、定点観測的調査をさせていただいているが、そのたびに宮田氏とお会いするなど、交流を重ねてきた。そして、3年前のある日、お手紙を頂戴し、「ブックレットに書ききれなかったことをまとめて出版したいのでご協力いただきたい」との依頼をいただいたのであった。「先生の見識の高さとバランスのとれた物事のとらえ方に対し尊敬の念を抱いてきました。なので、是非先生にお願いしたい」との口説き文句に対し、断れるわけもなく、この文章を書くことになった次第である。

3．本書の意義

しかし、本書の解説を引き受けたのは、そうした断り切れぬ事情からだけではない。本書の刊行には大きな意義があると感じたからこそ、筆者は引き受けたのである。

第1に、本書は、わが国で「ゼロから自治体を創る」という「（アメリカ的な）自治の実験」をした場合に、どのような「自治」が実際に展開されるのか、という「ゼロからの自治」研究としての意義を有している。特に、宮田氏の表現を借りれば、「ゼロから猿山を作って、誰がボスになるかを実験していく」ような側面が大潟村にはあった。大潟村の中枢に居続けた宮田氏の目を通じて村の歩みを見ていくことは、「自治」における「人間版・猿山」の展開プロセスを明らかにすることでもある。

第2に、大潟村の自治の舵取りをしていくということは、〝過剰派と順守派の激しい対立をどう乗り越えるか〟という村内対立対応の側面（住民自治的側面）と、〝国からの要請にどう応え、逆にどのようにこちら側の要望を飲ませるか〟、〝周辺の自治体との関係性をどう維持していくか〟といった対外的交渉の側面（団体自治的側面）の双方を踏まえつつ、状況に応じて判断するという高い複雑性に満ちた営みにほかならなかった。しかも、「そこで採るべき最適解は農政の行く末次第であるが、農政自体の先行きも不透明である」という極めて不確実性の高い状況において、それを行わなければならなかったのである。そうした極めて困難な状況において宮田氏が採った思考や戦略は、不透明で先の見えない時代の自治実践を模索する上で、大きな示唆を与えてくれるだろう。

第3に、本書は、宮田氏が語らなければ後世に伝えられないような「大潟村の歴史の裏側」的な事実を数多く明らかにしている。繰り返しになるが、大潟村は、文字通り「ゼロ」から創られた比類なき自治体として、日本地方自治史上特筆すべき位置を占める。その歴史をたどり、新たな事実を明らかにする本書の学術的意義は極めて大きい。ただしそれは、学術上の意義にとどまらず、社会的な意義をも有しているように思われる。それは、これからを生きる大潟村の人々へのメッセージとしての意義である。

そこには、先に述べた、平和な「普通の村」となってしまったかに見える大潟村の現状に対する宮田氏の危機感があるように思われる。以前ヒアリングをした際、宮田氏が次のように述べていたことが、筆者の印象に残っている。「第1世代の自分たちが喧嘩をしすぎたせいなのかもしれないが、下の世代の連中は、『喧嘩は嫌だ』といって、集まっても意見を言わない。仲良しクラブだ。いつの時代であっても意見が違うのが当たり前のはず。なのに、争わずに済ませるのは逆に不自然だ。(22)」

本書には、「大潟村の歴史とそれを紡いできた人間の思いを、これからを生きる大潟村の人々にしっかり伝えたい。『喧嘩をしてきた過去は悪い過去であり、忘れ去るべきだ』などと考えず、歴史をもっと大事にして欲しい。確かに喧嘩ばかりだったかもしれないが、それは、当事者たちが本気で村の将来を考えていたからこそぶつかり合った結果だったのであり、その歴史は決して否定されるべきものではないのだ。まずは歴史をよく知った上で、よいと思った部分は是非継承してもらいたい」という宮田氏の熱い思いが込められている。

是非、本書をお読みいただき、これらの意義を実感していただければ幸いである。

(22) 2017(平成29)年9月12日に行った宮田正馗氏へのヒアリング(於:大潟村)による。

【参考文献】

・秋田放送（2011）「NNNドキュメント'11『夢は刈られて～大潟村・モデル農村の40年』」（2011年2月13日放送）。
・あんばいこう（1991）『頭上は海の村』現代書館。
・今村都南雄（2008）「むらづくりの実験―大潟村の形成と展開（上）（下）」『自治総研』2008年4月号、5月号。
・岩本由輝（1992～2001）「八郎潟干拓地・大潟村の成立と展開（一）～（十）」『東北学院大学東北産業経済研究所紀要』11号～20号。
・大潟村（2011）『八郎潟中央干拓地「大潟村」における農村集落の建設と村づくりの変遷』。
・大潟村（2019）『大潟村　農業の紹介（2019年版）』。
・大潟村史編さん委員会（2014）『大潟村史』。
・岸広昭（1988）「『大潟村』黒瀬氏よ驕るなかれ」『中央公論』103巻6号。
・黒瀬正（1988a）「われ農水省とかく戦えり」『中央公論』103巻4号。
・黒瀬正（1988b）「農水省の妄論を再び嗤う」『中央公論』103巻7号。
・坂本進一郎（1979）『青刈り日記』秋田書房。
・坂本進一郎（1990a）『米盗り物語』影書房。
・坂本進一郎（1990b）『大潟村ヤミ米騒動「全記録」』御茶の水書房。
・坂本進一郎（1991）『コメ自由化許さず』御茶の水書房。
・佐藤晃之輔（2014）「農政との対応をめぐって」大潟村史編さん委員会『大潟村史』。
・佐藤俊一（2016）「ゼロからの村づくり・秋田県大潟村の50年―宮田正馗村長を中心に」『日本地方自治の群像』第7巻、成文堂。
・佐藤了（2014）「大潟村農業の誕生と営農展開」大潟村史編さん委員会『大潟村史』。

・嶋田暁文（2012）「解説　大潟村の過去と現在」宮田正馗ほか（2012）『ゼロからの自治―村長・宮田正馗』公人社。
・清水弟（1978）『大潟村―ジャーナリストのみたモデル農村』無明舎。
・仁平裕之（2012）「農業者の主体性と意欲的な農業の展開条件―秋田県大潟村を事例に」（東京大学修士論文2011年度）。
・八郎潟新農村建設事業団（1976）『八郎潟新農村建設事業団史』。
・藤川浄之（2014）「接点―農、農政、人、むら」大潟村史編さん委員会『大潟村史』。＊初出は、1983年。
・富民協会編（1974）『国土はこうして創られた―八郎潟干拓の記録』富民協会。
・本間正義（2010）『現代日本農業の政策過程』慶応義塾大学出版会。
・宮田正馗（2001）「情報発信基地としての農村［秋田県大潟村の村づくり］」『21世紀フォーラム』78号。
・宮田正馗ほか（2012）『ゼロからの自治―村長・宮田正馗』公人社。
・涌井徹（2007）『農業は有望ビジネスである！』東洋経済新報社。

著者紹介

宮田正馗（みやた・せいき）

株式会社ルーラル大潟代表取締役会長。1938（昭和13）年10月９日生まれ。秋田県八竜村（現三種町）出身。秋田県立金足農業高校卒。元八竜村議員（２期）。元大潟村村長（６期）。元秋田県町村会長。主著に『ゼロからの自治－大潟村の軌跡と村長・宮田正馗』（共著）。

＊解説執筆：嶋田暁文・九州大学大学院法学研究院教授

ゼロから自治体を創ったらどうなるか？

元村長 宮田正馗が語る大潟村のあゆみ

2023年（令和５年）１月21日　初版第１刷発行

定価はカバーに表示してあります。

著　者　宮田正馗

発行者　大田昭一

発行所　**公職研**

〒101-0051

東京都千代田区神田神保町２丁目20番地

TEL　03-3230-3701（代表）

03-3230-3703（編集）

FAX　03-3230-1170

振替東京　6-154568

ISBN978-4-87526-435-4 C3031　https://www.koshokuken.co.jp

落丁・乱丁は取り替え致します。PRINTED IN JAPAN

印刷：日本ハイコム㈱

ISO14001取得工場で印刷しました。